하나님의 밤편지

이정식 지음

생명의말씀사

하나님의 밤편지

ⓒ 생명의말씀사 2024

2024년 9월 30일 1판 1쇄 발행

펴낸이 | 김창영
펴낸곳 | 생명의말씀사

등록 | 1962. 1. 10. No.300-1962-1
주소 | 서울시 종로구 경희궁1길 6 (03176)
전화 | 02)738-6555(본사)・02)3159-7979(영업)
팩스 | 02)739-3824(본사)・080-022-8585(영업)

지은이 | 이정식

기획편집 | 김자윤
디자인 | 박소정
인쇄 | 영진문원
제본 | 보경문화사

ISBN 978-89-04-16892-7 (03230)

저작권자의 허락 없이 이 책의 일부 또는 전체를
무단 복제, 전재, 발췌하면 저작권법에 의해 처벌을 받습니다.

하나님의 밤편지

추천사

배준영 (동광교회 부목사, 『복음을 들고 너에게 갈게』 저자)
최　은 (영화평론가, 모두를위한기독교영화제 부집행위원장)

문자로 기록된 하나님의 말씀인 성경을 가리켜 '하나님의 편지'라고 하는 말은 참으로 적합합니다. 같은 맥락에서 이 책의 저자가 제목을 『하나님의 밤편지』라고 정한 것 역시 적절합니다. 저자는 오늘날 많은 사람들이 잃어버린 성경의 독법을 되찾아 하나님의 말씀을 들려 줍니다. 낮은 이성의 시간이고, 밤은 감정의 시간입니다. 밤에 쓴 편지의 꾹꾹 눌러쓴 손글씨에는 상대를 향한 감정이 덕지덕지 묻어 있습니다. 그래서 문자임에도 불구하고 보낸 이의 감정이 받는 이에게 고스란히 전해지는 것입니다. 이 책의 필요가 여기에 있습니다. 우리에게 편지를 쓰신 하나님은 인격적이신 분이기 때문입니다.

많은 이들이 성경을 읽어야 한다는 의무감을 갖고 있습니다. 성경을 통해 하나님을 알게 되고, 우리를 향한 그분의 뜻을 발견할 수 있는 까닭입니다. 하지만 자칫 성경은 이성의 독법으로만

읽히기 십상입니다. 읽어야 하고(통독), 관찰하고 해석하고 적용해야(큐티, 성경 공부) 한다고 생각합니다. 하지만 이전 믿음의 선배들은 '거룩한 독서'라는 방식으로 하나님의 마음을 읽으려고 했습니다. 다시 말해서 성경을 읽을 때, 행간마다 인격적인 하나님의 우리를 향한 감정을 고려하여 읽었던 것입니다. 이 책은 그 독법을 우리에게 돌려 줍니다.

저자는 풍부한 감정의 원천이신 하나님- 구체적으로, 넘치는 사랑으로 피조물을 창조하신 삼위 하나님, 그들을 사랑하사 독생자까지 아끼지 않으신 구속주 하나님, 죄인을 자녀 삼으신 사랑 많은 아버지-의 음성으로 성경의 주요한 구절들을 들려 줍니다. 그래서 이 책을 읽고 있으면 활자마다 하나님의 애틋한 감정이 덧입혀져 마치 사랑 많은 아빠의 음성을 듣고 있는 듯한 착각에 빠지게 합니다. 그 음성으로 아파하고 좌절하는, 영혼의 어두운 밤을 지나는 자녀들에게 주시는 위로와 권면의 말씀을 듣습니다. 그래서 그분의 사랑과 보살핌으로 소망을 바라보게 합니다.

이 책은 보기에 쉽고 실제로 술술 읽히지만, 깊고 풍성한 감정을 담은 언어로 쓰여졌기에 단번에 읽지 않기를 바랍니다. 저자가 책의 구성으로 우리가 당면한 고민과 상황에 대한 하나님의 권면을 담은 31일간의 편지라는 방식을 택한 것은, 실제로 그렇게 읽히길 바랐기 때문일 겁니다. 저자의 의도에 따라 날마다 하나님이 보내신 밤편지를 읽어 가며, 하나님의 감정이 담긴 손글씨를 만지고 행간에 묻어 있는 그분의 사랑을 음미하며 권면을 듣는 것입니다. 마치 연애편지를 읽듯 읽었던 부분들을 수차례 다시 읽기도 하고, 문득 생각나서 다시 펼치는 방식으로 읽기를 바랍니다. 한편 이 책을 읽는 독자들은 매일의 편지마다 기도라는 방식으로 답장을 보내는 것도 이 책의 유익을 누리는 방법이 되리라 확신합니다.

이 책은 우리를 향한 하나님의 마음을 풍성히 누리기를 원하는 이들, 하나님과 더 깊은 교제로 나아가기 원하는 이들, 영혼의 어두운 밤을 보내는 이들, 성경의 행간 속에 담긴 하나님의 마음을 읽기를 훈련하기 원하는 이들에게 아주 유익합니다. 그러므로 이 책 『하나님의 밤편지』를 즐겁게, 기꺼이 추천합니다.

배준영 (동광교회 부목사, 『복음을 들고 너에게 갈게』 저자)

샘이 깊을수록 길어 올린 물은 청량합니다. 잘 벼려진 글일수록 간결하고요. 단정한 어휘와 부드러운 목소리에 담긴 탄탄한 신학과 숱한 불면의 밤이 낳았을 성찰의 문장들이 반갑고 고맙습니다. 수신자로서 독자인 '너'에게서 출발해 발신자인 '나, 하나님'에 이르는 서른한 날의 밤 편지에서 사랑하는 자에게 잠을 주시는 하나님을 만납니다. "오늘 밤 네가 깊은 잠을 자면 좋겠구나"라고 말씀하시네요.

부활의 아침이 이르기 전 가장 어두운 시각, 저자의 표현대로 "삶이 우리에게 단 한 마리의 물고기도 가져다주지 않을 때", 이 책은 따뜻한 손으로 건네는 한 잔의 냉수와 같이, 읽는 이의 가슴을 한껏 시원하고 야무지게 만들 것입니다. 지금 우리에게 꼭 필요한 위로이고 도전입니다.

최 은 (영화평론가, 모두를위한기독교영화제 부집행위원장)

들어가는 글

숨겨 둔
작은 빛을
은밀하게 건네는
마음으로

하나님의 편지를 쓰기 전 오랫동안 나를 붙잡아 두었던 질문이 있었다. '하나님은 어떤 문체를 쓰실까'. 완전하신 분이므로 그분이 적는 문장은 세상에서 가장 아름답고 정확해야 할 것 같았다. 내가 무엇을 쓸 수 있을지, 무엇을 말할 수 있을지 자신이 없어졌다. 내 문장이 몹시 누추하고 부박하게 보였기 때문이다. 여기에 신성을 담을 수 없었다. 그 고민과 길게 씨름하던 중 새삼 알아차렸다. 애초부터 신성을 담는 것이 편지의 목표가 아니라는 것을. 정반대로 결함 많은 인간의 언어로 신적인 윤곽이나마 그려보자는 것임을. 사유와 감각의 한계 안에 갇힌 내가 겨우 적을 수 있는 문장이 하나님을 가리키기만 한다면, 그것으로 충분한 일이라고 생각했다. 편지의 첫 문장은 그렇게 쓰일 수 있었다.

첫 문장을 적고 나니 그다음 문제가 기다리고 있었다. 내가 쓰는 글이 곧 하나님의 문장이라는 사실은 곱씹을수록 두렵게 느껴져서 어떤 것을 단언하기도, 반대로 단언하기를 주저하는 식의 표현도 쉽게 쓰지 못했다. 단언하자니 그건 정말 진리가 맞는가?라는 생각이 곧이어 나왔고, 확언하기를 피하고자 '그럴지도 모른다'고 하자니 그것은 더더욱 하나님과 어울리지 않았다. 내 식대로 진리에 근접하는 문장들을 적으려 했으나 의도대로 되었는지는 잘 모르겠다. '모르겠다'라고 적고 나니 마음이 한결 낫다.

총 서른하나의 편지가 모인 이 책은 나름의 구성이 있다. 불완전한 인간을 염려하는 하나님의 마음이 1부를 이루고, 우리와 다르지 않은 성정을 가진 성경 인물의 이야기가 2부가 되었다.

고난주간 예수님의 행적과 부활하신 날을 떠올리며 적은 문장들이 3부를 구성하고, 하나님이 인간에게 건네시는 그분의 공유적 속성이 4부가 되었다. 마지막 서른한 번째 편지가 이 전체 편지의 추신이 되어 책을 닫았다.

고마운 얼굴들이 어른거린다. 먼저 임상문 목사님을 말해야 한다. 이 글이 쓰일 수 있게 한 분이기 때문이다. 교회 사역을 잠시 쉬던 2019년, 꿈뜰 미니스트리의 대표인 목사님의 제안으로 나는 6개월여간 '갓스레터'를 연재할 특권을 누렸다. 그때 쓰인 글을 토대로 가능한 수준에서 손을 보고, 어떤 편지는 새롭게 썼다. 생명의말씀사 편집부 부장님과 담당 편집자님께도 감사드려야 한다. 두 분의 호의와 노고 덕분에 이 글이 책이 될 수 있었다. 최 은 선생님께는 바쁘신 걸 알면서 추천사를 부탁드리는 만용을 부렸다. 지적으로 냉철하면서도 온화한 성품이 공존하는 선생님의 글을 무척이나 아껴 읽는다. 추천사를 써주신 배준영 목사님께도 감사드린다. 목사님의 친절하고 사려 깊은 문체를 좋아한다. 사랑하는 부모님, 동생 가족은 고맙다는 말이 모자라다. 부모님은 보이지 않는 하나님을 나에게 보여 주셨고 무엇이 아름다운 삶인지를 알게 하셨다. 서른 해를 지나서 겨우 알게 되었다. 마지막으로 사랑하는 아내는 내 글의 가장 첫 번째 독자이자 사적인 편집자가 되어 주었다. 단어 하나를 두고 그녀와 밤늦도록 토론한 시간을 사랑한다. 이름을 부르지 못한 분들을 향해서도 두 손을 가슴에 모은다.

생각해 보면 하나님의 뜻이 인간의 언어인 성경으로 계시되었다는 사실이 신비롭게 느껴진다. 불완전한 인간의 언어로는 완전한 하나님의 뜻을 모두 담아 내지 못하지만, 하나님은 거기에 숨을 불어넣으셨다. 내가 쓴 것은 당연히 성경이 아니지만, 불완전한 낱말 사이사이에 고인 하나님의 숨이 당신에게 가닿기를, 그리하여 어둠을 통과하는 당신의 밤이 조금은 견딜만한 것이기를 잠잠히 빈다.

숨겨 둔 작은 빛을 은밀하게 건네는 마음으로.

이정식

추천사 / 5
들어가는 글 / 11

1부 저녁 어스름이 찾아올 때 / 21
To 너에게 _불안과 염려를 잠재울 편지

첫 번째 편지   **너의 불완전함에 속지 마** _자존감
두 번째 편지   **불안이 건네는 피곤을 쉽게 받아들이지 않길** _불안
세 번째 편지   **네 언어와 행동이 무너질 때도** _자책
네 번째 편지   **궁금해도 조금만 기다려 주렴** _회한
다섯 번째 편지   **네가 상상하지 못하는 이야기** _판단
여섯 번째 편지   **사람과 사람이 나눌 수 있는 기적적인 교류** _공감
일곱 번째 편지   **덧없음에 끝내 저항하며** _허무
여덟 번째 편지   **세상의 어두움을 비춰 주길** _고난
아홉 번째 편지   **이 땅에 거룩의 윤곽을 만들어 내** _가치관

2부 한밤의 위로 / 56

너와 같은 사람들 _그들도 두려웠지만 나아갔단다

열 번째 편지　**의연한 걸음으로 나아가렴** _요셉의 순간

열한 번째 편지　**너를 혹독한 추위 속으로 몰아넣지 마** _욥의 시선

열두 번째 편지　**지혜가 발생하는 장소** _솔로몬의 듣는 마음

열세 번째 편지　**사랑은 그의 곁에서 함께 견뎌 주는 일** _룻의 동행

열네 번째 편지　**이토록 사랑스러운 슬픔도 있지** _베드로의 눈물

열다섯 번째 편지　**너에게 새 옷을 입혀 줄게** _아담과 하와의 가죽옷

3부 아침을 기다리는 어둠 / 86

너와 같은 사람이 된 나 _내가 진 십자가를 기억하렴

열여섯 번째 편지	네가 교회가 되어 주렴 _회복
열일곱 번째 편지	네 삶의 근거는 무엇이니? _근원
열여덟 번째 편지	근거가 흔들린 사람을 봐 _가롯 유다
열아홉 번째 편지	생명이 생명을 시작하게 하는 만찬 _마지막 만찬
스무 번째 편지	누군가에게 네 발자국을 남겨 주길 _순종
스물한 번째 편지	그 죽음은 네 죄 때문이란다 _속죄
스물두 번째 편지	십자가의 다른 의미 _십자가
스물세 번째 편지	시작을 되풀이하는 일 _부활

하나님의 밤편지

4부 새날이 밝다 / 126
From 나 _하나님으로부터 오는 것들

스물네 번째 편지　**복 있는 사람** _복

스물다섯 번째 편지　**네 손에 고인 아침을 건네렴** _양선

스물여섯 번째 편지　**고요함이 널 씻겨 줄 거야** _화평

스물일곱 번째 편지　**내 심장을 네게 건넨다** _사랑

스물여덟 번째 편지　**용서할 수 있는 권리** _용서

스물아홉 번째 편지　**은혜의 출발선** _상상력

서른 번째 편지　**빛과 함께 걸어가렴** _아름다움

추신

마지막 편지　**너의 밤은 나의 그늘이어서** / 161

1부 저녁 어스름이 찾아올 때

To 너에게 _불안과 염려를 잠재울 편지

첫 번째 편지 _자존감

너의
불완전함에
속지 마

우리가 그를 전파하여 각 사람을 권하고 모든 지혜로 각 사람을
가르침은 각 사람을 그리스도 안에서 완전한 자로 세우려 함이니(골 1:28).

넌 내가 두 번 만들었단다.
한 번은 말씀으로, 한 번은 십자가로.
그러니까 넌 두 번 태어난 셈이야.
내가 죽음으로 넌 생명을 얻었고,
내가 나무에 달려 저주받음으로
넌 하늘의 복을 받은 존귀한 내 자녀가 되었지.
이 세상을 창조하기 이전부터.

아니 '이전'이라는 시간이 존재하기도 전부터 나는 널 선택했어. 내 모든 풍요와 평안을 누릴 수 있는 내 자녀로 삼기 위해서 말이야. 네가 자주 불완전함과 싸우고 있다는 걸 나는 알고 있어. 그럴 때마다 매번 패해서 네가 많이 속상하다는 것도.

좀 더 완전해지기를, 단단해지기를, 둥글어져서 사람들에게 상처 주지 않기를, 내가 바라는 삶대로 살기를 너는 기도하지만 실패가 반복되어서 어느새 패배가 익숙한 것도 안단다.

그런데 말이야.
진정한 완전은 내게 있다. 완전은 내게로부터 와. 그리고 나는 내 사랑하는 자녀들을 불완전하게 내버려두지 않는단다. 그러니 변하지 않는 네 모습에 쉽게 절망하지 마. 패배를 인정하지 마. 대신 네 실수와 약함을 인정해.

네 결핍이 문득 크게 느껴지는 날, 스스로가 무척 실망스러워 자신과 화해할 수 없는 날에, 네 모든 실수와 약함을 끌어안고 십자가 앞에 내려놓으렴. 고개를 들어 네 생명의 근원이자 완성을 똑똑히 바라봐. 내가 진 십자가는 내 수난의 증거가 아니라, 네 생명의 증거란다. 비천과 죽음에서 너를 살려 낸, 두 번 너를 창조한 간절함과 애틋함으로 진 십자가라는 것을 기억하렴.

두 번째 편지 　_불안

불안이 건네는
피곤을 쉽게
받아들이지 않길

또 우리 사람들도 열매 없는 자가 되지 않게 하기 위하여
필요한 것을 준비하는 좋은 일에 힘 쓰기를 배우게 하라(딛 3:14).

네가 잠든 어떤 밤을 기억한다.
잔뜩 웅크려서 둥근 네 등을 나는 오랫동안 바라보고 있었지. 네 잠옷은 툭 튀어나온 허리뼈의 흔적을 고스란히 간직하고 있더구나. 이렇게 얇고 가냘팠구나, 나는 모두 알고 있었어. 해야 할 일과 하고 싶은 일, 어느 것 하나 쉽게 놓지 못하고 가득 짊어진 그 얇은 등으로 너는 삶의 무게를 견디고 있었다. 처연하고, 애틋하며 또 기특한 한 너를 당장이라도 안아주고 싶었단다.

불안은 자주 널 피곤하게 만들어. 매순간 내가 타인의 기대에 걸맞은지, 단 한 번의 실수로 지금까지 쌓아온 인간관계, 경력, 인정, 사랑 모든 영역이 한꺼번에 무너져 내리는 건 아닌지, 마치 종잇장처럼 얇은 살얼음판 위를 걷는 듯 불안은 사람들의 걸음을 조마조마하게 하고 위축되게 만든다. 그러나 더 자주 불안을 감각하는 이유는, 네가 짊어지고 있는 삶이 쉽게 네게 열매를 건네지 않기 때문이지. 그럴 때마다 너는 네 삶을 돌아보며 정말로 네게 필요한 일이 뭘까, 고민하며 새로운 짐을 짊어지곤 하더구나.

나는 네게 필요한 일이 피곤함이 되지 않기를 원한단다. 불안이 건네는 피로를 네가 쉽게 받아들이지 않았으면 해. 네 마음의 중심이 불안에 흔들리지 않기를 바라는 것이지. 넌 네 삶의 열매가 금방 보이지 않을 때마다 위태롭다고 느낄 수 있겠지만, 너를 지탱하는 건 인간관계도, 성과도, 성공이라는 열매도 아니야. 세상을 창조한 순간부터 너의 삶을 인도하고 있는 나란다. 네가 서 있는 곳은 모래가 아니라 반석이야.

내게 열매는 네 성취가 아니라 네 모습 그 자체란다.
그러니 오늘은 짐을 내려놓고 깊게 잠들렴.

세 번째 편지 _자책

네 언어와
행동이
무너질 때도

이에 그가 그들을 자기 마음의 완전함으로 기르고
그의 손의 능숙함으로 그들을 지도하였도다(시 78:72).

삶은 언제나 말보다 크고, 말은 늘 삶보다 작단다.
말이 자신의 진심을 온전히 실어나르지 못하고, 행동이 내 의지와 무관하게 작동하면서 인간은 자주 곤경에 빠지기도 해.
왜 우리는 이 모양인가, 왜 우리의 말은 자주 빗나가고, 행동은 쉽게 미끄러지는 걸까.
이런 의문이 네 마음 깊숙한 곳에 웅크리고 있지 않았니?

의롭게 된 존재인데도 '왜 여전히 나는 서툴고 실수하는 걸까?'라는 질문 말이야.

다만 분명히 해 두고 싶구나. 언제나 나는 마음의 완전함으로 너를 기르고 있단다. 내 손의 능숙함으로 너를 인도하고 있어. 네 성취와 행복, 기쁨과 환희뿐만 아니라 네 실수와 넘어짐, 망설임과 절뚝거림마저도 내가 너를 인도하는 여정의 한가운데 존재하는 거란다. 의지가 개입할 여지 없이 미끄러지고 넘어지는 네 언어와 행동과 달리, 내 의지와 무관하게 일어나는 일은 세상에 존재하지 않아.
모든 것이 내 선한 계획 아래에 있다. 이 사실을 믿어야 해.

그러니 당장 눈앞의 것을 바라보고 금방 기뻐하거나 쉽게 체념하지 마. 대신 '지금 나는 올바른 길로 인도받고 있구나'라는 진실을 고요히 신뢰하렴. 때로 네가 곤경과 마주해서 모든 것이 막막해질 땐, 네가 생각해 낼 수 없는 창의적인 방법과 한없이 사려깊은 방식으로 내가 널 구해 낼 것을 기대해.
태초부터 나는 완전함과 능숙함으로 널 인도하고 있으니까.

네 번째 편지 _회한

궁금해도
조금만
기다려 주렴

여호와께서 하늘 곧 여호와께로부터 유황과 불을 소돔과 고모라에 비같이 내리사 그 성들과 온 들과 성에 거주하는 모든 백성과 땅에 난 것을 다 엎어 멸하셨더라 롯의 아내는 뒤를 돌아보았으므로 소금 기둥이 되었더라(창 19:24-26).

오늘은 불안만큼이나 너의 깊은 잠을 방해하는 것에 대해 얘기해 주고 싶구나. 소돔과 고모라를 들어본 적 있을 거야. 쾌락과 음란, 소동과 죄악이 도시 전체를 뒤덮어서 선과 악의 경계가 지워져 버린 곳, 10명의 의인이 없어서 끝내 멸망당한 도시 말이야. 막 애굽에서 돌아온 롯은 소돔 땅이 포함된 요단 동편을 택했는데, 그 이유를 짐작할 수 있겠니?

롯은 그곳에서 '애굽 땅'을 본 거란다(창 13:10). 소돔과 고모라의 휘황찬란한 번영과 부귀를 보면서 그는 이전에 머물었던 애굽의 풍요를 다시 누릴 수 있을 거라고 생각했던 거지.

롯은 말하자면 지나온 시간을 뒤돌아본 셈이야. 그의 실수를 되풀이한 사람이 있었는데, 바로 롯의 아내였다. 소돔을 향해 유황과 불을 내리기 전, 나는 롯의 가족에게 피할 길을 알려 주었어. 단 하나의 조건을 내걸고. 뒤돌아보지 말 것. 다행히 롯과 가족들은 무사히 소알성까지 도착했지만, 롯의 아내는 그만 뒤를 돌아보고 말았어.

네가 무엇을 궁금해하는지 알고 있다. 하지만 아직은 기다려 주렴. 이 세계의 막이 내리고 내 뜻이 완전하게 펼쳐지는 순간 모든 것은 명명백백히 드러날 거야. 다만 이 기이한 이야기에서 네가 이 의미는 건져 내 주면 좋겠구나. 롯의 아내는 소돔 땅이 멸망당하는 광경이 궁금해서 뒤돌아본 것이 아니었어. 지금껏 자신이 삶에서 이룩한 것, 이루고 싶었거나 욕망했던 것, 아름답게 반짝이는 것, 귀중하게 여기던 것. 이중에 어떤 것은 끝내 움켜쥐는 데 성공했지만, 또 어떤 것은 아무리 간절하게 뻗어도 손에 닿지 않았던 것.

그녀는 목숨이 위험할 정도로 긴박한 순간에, 가는 길을 멈추고 몸을 뒤틀면서까지 자신이 떠나온 것들을 돌아본 거야. 진한 회한을 담아서 말이다. 욕망과 회한은 이처럼 사람의 발목을 잡고 뒤돌아보게 만든다.

너도 뒤돌아볼 때가 있지. 그렇다고 해서 당장 소금 기둥으로 변하진 않으니 걱정 마. 다만 알려 주고 싶은 것이 있단다.
회한은 사람을 붙들어서 그 자리를 떠나지 못하게 만들어. 하지만 삶의 어떤 순간은 긴 망설임의 꼬리를 결연하게 끊어 내야 할 때가 있단다. '내가 보여 줄 땅으로 가라'라는 말에 주저하지 않고 오랜 세월 몸담은 곳을 떠난 아브라함처럼 말이야.

그는 가슴 깊이 치미는 회한을 억누르고 나를 향한 굳은 믿음을 붙잡았다. 그리고 이제 펼쳐질 새로운 시간을 기대했단다. 이 믿음과 기대가 너를 움직여서 몸의 방향을 앞으로 틀게 만들어 줄 거야. 네 앞에 놓인 현실이 그리 버거운 것이 아니라고 생각하게 해 줄 거야. 오늘도 깊은 잠을 자면 좋겠구나.

다섯 번째 편지 _판단

네가
상상하지
못하는 이야기

그러므로 남을 판단하는 사람아,

누구를 막론하고 네가 핑계하지 못할 것은 남을 판단하는 것으로

네가 너를 정죄함이니 판단하는 네가 같은 일을 행함이라(롬 2:1).

넌 알고 있지. 네 관찰력이 비교적 날카롭고 정확하다는 것을. 누군가의 장점이나 허물을 기민하게 알아차리는 네 능력을 때로는 뿌듯하게 여기기도 하겠지만, 어떤 날은 그래서 괴롭기도 할 거야. 차라리 보지 못하고 알지 못하고 싶을 때가 있다는 것을 나도 안단다.

시간의 한계 안에 갇혀 있는 사람은 타인의 현재만을 볼 수밖에 없어. 그가 앞으로 어떤 선택을 할지 짐작하거나, 지금껏 그가 걸어온 삶의 행로를 간신히 반추할 따름이야. 그런 예측과 반추는 실제와 얼추 비슷하기도 하겠지만, 또 어긋나기도 하지. 경험이 쌓이고, 많은 사람들과 교제를 나눌수록 네가 짐작하는 타인의 과거와 미래에 관한 해상도도 올라갈 거야. 너의 판단은 조금 더 정교해지겠지.

이런 판단은 해석이라고 말할 수 있어.
그러니까 타인을 판단하는 일은 그의 삶을 해석하는 일과 같지. 그가 무엇인가를 욕망하는 것 뒷면에 어떤 것이 결여돼 있는지까지 파헤쳐 가면서, 그의 오늘과 어제를 연결시키고, 시간을 건너가면서 인과관계의 선을 긋는 거야.

그러나 아무리 정교함의 극한을 이룬다 해도, 너는 결코 그의 심연까지 도달할 수는 없다. 너는 그가 지나온 모든 시간을 보지도, 알지도 못하니까. 해석이 어제와 오늘을 연결시키며 인과관계의 고리를 만드는 시간과 관련 있는 일이라면, 너는 그를 애초부터 정확하게 해석하는 일에 실패할 수밖에 없단다.

나는 네가 타인을 판단하는 일을 너무 능숙하게 하지 않기를 원해. 그보다 처음부터 사람은 타인을 정확하게 알지 못하기 때문에 함부로 말할 수 없다, 라고 생각하길 바란단다.

이것은 타인의 삶에 공백을 남겨 두는 일이야.
다른 사람에게 해석하지 못하는 영역이 있음을 알고 더이상 그 공백을 파헤치지 마. 그곳은 오직 나만이 접근할 수 있으니 말이다. 그렇게 한 사람의 삶의 해석은 그와 나의 교제에서 완성될 수 있도록 자리를 비워 주렴. 거기에 나는 네가 상상하지도 못하는 이야기들을 적을 거란다.

여섯 번째 편지 _공감

사람과 사람이
나눌 수 있는
기적적인 교류

즐거워하는 자들과 함께 즐거워하고 우는 자들과 함께 울라(롬 12:15).

어제는 더이상 접근할 수 없는 타인의 심연이 있다는 점을 얘기했어. 타인의 삶을 정확하게 해석할 수 있는 사람은 어느 누구도 없다고 말이다.

나 아닌 이의 시간을 온전히 살아 보지 못한 사람은 타인의 삶에 도달하지 못해. 감정도 마찬가지란다. 아름다운 선율을 들은 누군가의 기분에 대해 넌 알 수 없어. 불쾌한 일을 마주친 사람의 정서를 정확히 말할 수 없지. 사람은 누구나 자신이 느낀 바를 통해 타인의 감정을 간신히 짐작할 따름이란다.

사람은 이처럼 섬처럼 존재하는 것이어서 누구도 타인 그 자신이 될 수는 없어. 공감은 이 간명한 사실을 아는 데서 출발한단다. 너는 타인이 될 수는 없다.

그런데 공감의 목표가 타인과 동일한 사람이 되는 것은 아니야. 그와 같은 자리에 머무는 것이 공감의 지향점이지. 그가 놓인 처지에 함께 머물러 주어서 그의 곤경이 네 곤경과 크게 다르지 않고, 그의 필요가 네 간구와 어긋나지 않는다면, 그렇다면 너는 그와 같은 사람이 될 수는 없어도 그리 다르지 않은 감정을 공유하고 있다고 말할 수 있지 않겠니.

꼭 모든 순간에 타인과 함께 하라는 말은 아니란다. 상상력으로 가능한 일이야. 그의 상황이 지금보다 개선되기를 그의 자리에서 생각해 보는 일. 그렇게 타인의 정서를 헤아리면서 그의 삶을 살아 보는 일 말이다. 상상력이 너를 공감하게 하고 끝내 타인의 자리로 건너가게 만들 거다. 대체로 이기적인 네가 유일하게 자신의 존재를 뛰어넘는 순간인 것이지.

상상력은 섬마다 교량을 놓고, 사람은 교량 위로 공감을 통해 타인의 자리로 건너가. 그리하여 너와 상대가 그다지 다른 사람이 아니라는 진실이 고요하게 피어오르면서, 너와 그를 아늑하게 감싸줄 거란다. 이 느낌은 희미하지만 근본적이어서 그순간 너와 그는 하나의 공동체를 이룩하게 된단다. 이것이 사람과 사람이 나눌 수 있는 기적적인 교류야.

사람의 표정이나 말투가 미세하게 달라졌음을 알아차리거나, 어느 곳을 둘러싼 공기가 달라진 걸 느낄 수 있는 네 예민함은 곧 타인을 향한 공감의 가능성이기도 해.
지금껏 네 안을 향했던 민감함의 방향을 이제 바깥으로 돌리지 않겠니?

일곱 번째 편지 _허무

덧없음에
끝내
저항하며

너는 청년의 때에 너의 창조주를 기억하라 곧 곤고한 날이 이르기 전에, 나는 아무 낙이 없다고 할 해들이 가깝기 전에(전 12:1).

세상의 모든 이치에 통달한 것 같은 사람이 생의 마지막 순간에 허무와 무의미를 읊조리는 책을 너는 어떻게 읽었니?
그토록 지혜로운 자가 내린 생의 결론 같아서 너도 모르게 이 헛헛함에 감염되지는 않았는지 모르겠구나. 마치 긴 한숨을 쉬는 것 같은 쓸쓸한 문장들을 따라 읽어 가는 일은 읽는 것만으로도 마음에 고요한 파문을 일으켜. 원하지도 않았던 생의 진실을 알게 된 사람이 짓는 난감한 표정이 너의 얼굴에 서려 있구나.

나는 그가 남긴 문장들이 거짓이라고 할 생각이 없다. 돌려 말하지 않을게. 지혜자가 포착해 낸 것은 생의 진실이 정확히 맞아. 시간은 네가 기쁘고 소중하게 여겼던 것들을 네 품에서 앗아갈 거야. 그것을 상실한 너는, 그 빈자리를 견디면서 남몰래 괴로워할 테지. 마치 선이라는 기준이 애초부터 없었다는 듯이 어떤 사람들은 교훈도 의미도 없는 고난을 견뎌야 할 것이고, 반대로 타인의 마음을 헤아릴 능력이 없는 악독한 사람들은 수단과 방법을 가리지 않고 자신의 이기만을 좇으면서, 사는 동안 행복을 소유할 거야. 애초부터 악이라는 기준도 역시 없었다는 것처럼.

흘러가는 시간은 누구에게나 가혹할 만큼 공평한 강물이야. 상류에서 하류로 흐르는 동안 그것은 사람이 타인에게 베풀었던 선과 사랑을, 친절과 인내를, 용서와 은혜마저도 가져갈 거야. 사람들은 그것들을 소유할 수 있으리라는 자신의 어리석고 순진한 착각을 후회하게 되지.

그러면 나는 왜 선을 베풀면서 살아야 하는가, 사랑과 은혜가 무슨 의미가 있는가 하는 의혹들이 그제야 물밀듯 밀려오면서, 이내 허무와 무의미의 바다에 투신하고 싶은 욕망이 일어날 거다.

그것이 차라리 마음 편하다고 말이다.

네가 싸워야 할 다툼이 바로 이것이란다. 생의 무의미와 허망함에 굴복하지 않는 일. 그것들이 진실이라고, 세상에는 선과 사랑 따위는 없다고 말하는 그 소리들에 끝내 저항하는 일. 여전히 이곳에 은혜와 사랑이 남아 있음을 보여 주는 일.

이것은 차라리 발명에 가까운 일이라고 할 수 있어. 무의미의 바다에서 네가 의미를 발명해 주렴. 도무지 질서를 발견하기 어려운 덧없음의 복잡하고 혼란스러운 문양에서, 인내심을 갖고 거기 숨죽인 질서와 아름다움을 건져 내 주렴.

세상의 모든 것은 시간이 지나면 사라지고 거기에는 사람의 기억도 여지없이 포함되지만, 네가 지금 이 순간 타인에게 건넨 선은 잊히지 않는단다. 친절과 사랑은, 현재 네 마음과 세상에 그리고 나에게 깊은 각인을 남겨. 그리고 이걸 확실하게 말하고 싶구나. 나의 마음에 남겨진 각인은 영원히 사라지지 않는다고, 결코 덧없는 것이 아니라고 말이다.

여덟 번째 편지 _고난

세상의
어두움을
비춰 주길

예수께서 대답하여 이르시되 진실로 진실로 네게 이르노니
사람이 거듭나지 아니하면 하나님의 나라를 볼 수 없느니라(요 3:3).

창문을 열고 밖을 내다볼 수 있겠니?
빛이 닿지 않는 곳마다 먹물을 끼얹은 듯 어둠이 가득해.
밤이 사방을 뒤덮을 때 세상의 소란도 고요해진단다.
소음이 떠난 자리로 정적과 침묵이 들어와.
인공적인 빛이 없다면 사방은 보이지 않고
정적만이 명료한 이 시간,
너에게 보여 주고 싶은 것이 있단다.

남모를 고통을 존재의 뒤편으로 숨긴 채 명랑함으로 위안하며 살아가는 사람들, 타인의 호의가 아니라면 생계를 유지하기 힘든 사람들, 인간이란 이토록 나약한 존재라는 것을 여실히 실감하도록 만드는 재난에 속수무책으로 당하는 이들, 자신의 생존과 이익만을 좇으며 사느라 그것을 제외한 것들을 가차 없이 내던지는 이들로 인해 어려운 상황에 놓이게 된 이들.
오래전부터 자신들에게 찾아온 밤이 더이상 물러가지 않아서 시간이 멈춘 것 같은 하루를 보내는 사람들 말이다.

이 사람들을 네게 보여 주는 이유가 있어. 주의를 기울이고 그들을 바라보려고 하지 않는다면 그들은 금세 세상의 밤 속으로 감춰지기 때문이야. 내 나라의 빛을 이 땅에서 볼 수 있고, 믿음으로 나를 감지할 수 있는 네가 그들에게 밝음의 세계가 있음을 보여 주지 않겠니. 오직 밤의 세계가 전부라고 생각하는 이들을 향해 영원한 빛을 쬐어 주지 않겠니.

거창한 일을 말하려는 게 아니란다. 위대한 사역을 하지 않아도 돼. 세상을 밝게 비추는 빛은 되려 작고 사소한 것에서 비롯된단다. 네가 사람들에게 건넬 수 있는 친절 말이다.

낯선 이를 경계하지 않고 먼저 네 마음을 열어보이는 일.
타인의 기쁨과 슬픔에 함께하며 동참하는 일.
기도할 때마다 어디선가 긴긴밤을 통과하는 이들을 위해 간구하는 시간을 따로 떼어 놓는 일.
그리하여 거대한 빛 한덩이가 세상을 장악하기보다, 작고 미미한 반딧불과 같은 빛이 수천 수만으로 세상의 어두움을 뒤덮는 광경을 나는 보길 원한다.

이제 창문을 닫고 생각해 보렴.
날이 밝게 된다면 넌 어떤 빛을 세상을 향해 비춰줄 수 있을지 고민해 봐. 네가 어둔 세상에 일으킨 반짝임을 나는 영원히 간직하고 있을 거란다.

아홉 번째 편지   _가치관

이 땅에
거룩의 윤곽을
만들어 내

지혜로운 마음을 그들에게 충만하게 하사 여러가지 일을 하게 하시되 조각하는 일과 세공하는 일과 청색 자색 홍색 실과 가는 베 실로 수 놓는 일과 짜는 일과 그 외에 여러가지 일을 하게 하시고 정교한 일을 고안하게 하셨느니라(출 35:35).

조각가의 일이 내가 하는 일을 닮았다는 것을 알고 있니?
네가 날 만난 순간부터 성화의 조각을 시작했단다.
옛 모습을 덜어내고 보석처럼 반짝이는 의의 옷을 세공했어.
이 작업을 지금도 하는 중이야.
네 모습 중의 일부가 깎일 때마다 너는 통증을 느끼겠지만,
내가 만들 작품을 기대해 주렴.

고유한 너를 조각하기 위해 나는, 고요히 일하는 중이란다.
조각은 아직 형태 없는 '무엇'에 형태를 부여하는 일,
모든 것이 뒤섞인 혼란에 명료한 윤곽을 새기는 일,
그 존재의 보이지 않는 면을 발굴해 내는 일이지.
무질서에 질서를 입히고, 무한에 시간의 경계를 그으며,
공허한 어둠에 빛을 새기는 일.

내가 세상을 만든 창조와 비슷하지 않니?
내가 너를 조각하는 건 너도 조각하는 사람이 되길 바라는 이유에서란다. 내가 바라는 조각은 구체적인 물성을 지닌 작품을 만들어 내는 일이 아니야. 그보다 근본적이지. 눈에 보이지 않지만 분명 존재하면서 사람들에게 선한 영향을 끼치는 것들.
이를테면 문화와 가치관 같은, 내가 네 안에 심은 사랑의 형태와 닮은 모양을 이땅에 만들어 내렴. 남들과 다른 가치관을 추구하는 삶이 얼마나 아름다운지를 드러내 주렴. 거룩의 윤곽을 주조하고 그 안에 은혜가 고이도록 공기처럼 은은하게 말이다.

이 일은 조각이자 창조야.
무에서 유를 창조할 수 없지만 잠재적 유에서 현실적 유를, 가능적 유에서 실현적 유를 너는 얼마든지 창조할 수 있어. 내가

바라는 모든 것들이 이미 네 마음 안에 새겨져 있으므로.
그것을 구현할 수 있도록 필요한 지혜를 네게 줄게.

이것은 세상의 어두움에 대항하는 나의 두 번째 방법이란다. 친절과 선행으로 빛의 파편들이 군집을 이루는 것이 첫 번째라면, 혼탁한 세상 문화 속에 나를 가리키는 가치관을 새기는 일이 두 번째야. 사랑과 은혜, 환대와 연결, 희생과 용서, 아름다움과 공동체, 이 단어들 위로 들러붙은 상투성과 따분함의 먼지를 털어 내 주렴. 그리고 그것들이 여전히 빛나고 아름다우며 매력적이라는 점을 네가 조각— 그러니까 창조를 통해 드러내 주기를 바란다. 내 요청이 너를 설레게 만들면 좋겠구나.

점점 날이 밝아오고 있단다.

네 삶의 열매가
쉽게 보이지 않을 때마다
위태롭다고 느낄 수 있겠지만

너를 지탱하는 건
인간관계도, 성과도,
성공이라는 열매도 아닌

세상을 창조한 순간부터
너의 삶을 인도하고 있는 나란다

네가 서 있는 곳은
모래가 아니라 반석이야

내게 열매는
네 성취가 아니라
네 모습 그 자체란다

그러니 오늘은 깊게 잠들렴

2부 한밤의 위로

너와 같은 사람들 _그들도 두려웠지만 나아갔단다

열 번째 편지 _요셉의 순간

의연한
걸음으로
나아가렴

그런즉 나를 이리로 보낸 이는 당신들이 아니요 하나님이시라
하나님이 나를 바로에게 아버지로 삼으시고 그 온 집의 주로 삼으시며
애굽 온 땅의 통치자로 삼으셨나이다(창 45:8).

요셉의 꿈을 기억하니?
열하나의 곡식단이 일제히 그를 향해 절하고, 해와 달과 별이 그에게 몸을 숙여 예를 표했다는 꿈. 그 때문에 형들의 질시와 아비의 책망을 듬뿍 받았다는 그 꿈 말이다. 아침이 되자 요셉은 간밤에 꾼 꿈이 무엇을 가리키는지 몰랐어. 형들이 왜 자신을 향해 핏대를 세우는지, 아버지는 왜 걱정스러운 눈길로 자신

을 바라보는지, 그 모든 것이 와닿지 않아 어리둥절하기만 했다. 믿기지 않았던 거야. 어젯밤의 꿈도, 오늘의 현실도, 모든 것이 내 몫이 아닌걸, 이라고 생각했지.

이후로도 요셉의 생애는 모르는 것들의 연속이었다.
왜 자신이 애굽으로 팔려야 하며, 억울한 누명을 쓰고 감옥에 가야 하는지, 이 거대한 나라에 이방인인 자신이 왜 총리가 되어야 하는지까지. 자신의 삶에 일어나는 굵거나 가는 불가해한 일들의 진의를 요셉은 알지 못했단다.

그렇기 때문에 나는 요셉이 대견해. 그애는 모름의 한가운데로 과감하게 들어갔던 거야. 기어코 알기 전에는 한 발자국도 움직일 수 없다는 완강함과 그 무엇도 명료하지 않아서 두 다리만 벌벌 떠는 초조함, 두 가지 길을 그 아이는 모두 거절했다. 그리고 자신도 잘 모르는 길로 의연하게 걸어갔지.

손바닥만 한 '오늘'과 지금 '이곳'의 한계 속에 있으면서도 광활한 '내일'과 '저곳'으로 한 발을 내디딜 수 있었던 건, 요셉이 매 순간 나를 바라봤기 때문이야. 언제나 바르고 선한 길로 이끄는 내 인도를 믿었기 때문에 가능한 일이지. 이것이 믿음이란다.

그 모름의 길 한복판에서 요셉은 최초의 꿈을 기억하곤 불현듯 깨달았다. '지금 이 길은 하나님께서 미리 예비해 두신 길이구나'라는 것을.

요셉처럼 알아차리는 순간이 네게도 찾아올 거야. 정신없이 한참을 걷다가 문득 걸음을 멈추고 지금껏 걸어온 길을 돌아보게 되는 순간 말이다. 그리고 요셉처럼 깨달을 거야. 이 길의 경로가 정해져 있었다는 것을. '하나님이 먼저 길을 닦아놓으셨고, 나는 그저 예비된 길을 따라 걸었을 뿐'이라는 것을. 이 사실이 모름의 길을 걷고 있는 네게 위안이 되면 좋겠구나.

열한 번째 편지 _욥의 시선

너를
혹독한 추위 속으로
몰아넣지 마

내가 주께 대하여 귀로 듣기만 하였사오나
이제는 눈으로 주를 뵈옵나이다(욥 42:5).

나는 욥에게 가혹한 듯 보였지만 욥은 내게 그렇지 않았다.
자신에게 가혹했지. 지금까지의 자신의 삶을 모조리 부정하려는 듯이 자신의 생일을 저주하면서, 그렇게 혹독한 생의 추위 속으로 스스로 몰아넣으면서 말이야.
이 차갑고 쓸쓸한 이야기를 너도 들어본 적 있지?

욥이 괴로워한 건 지금 겪는 슬픔의 의미가 텅 비어 있었기 때문이야. 이유를 모른 채 겪는 슬픔에는 그 슬픔을 통과한 뒤에도 손에 쥘 수 있는 의미가 없을 거라고 생각하지. 욥의 친구들은 고난의 이유가 그에게 있을 거라고 비난했지만 욥은 수긍할 수 없었어. 욥은 나에게 무척이나 신실했거든. 친구들의 정죄를 받을수록 풀리지 않는 의문이 복잡하게 꼬여 버려 힘들어 했단다. 이유도, 의미도 없는 고통을 왜 내가 겪어야 하나, 하고 말이야.

지금껏 모은 재산을 모두 잃고, 사랑하는 자녀들을 떠나보내고, 한시도 쉴 틈 없이 피부병의 통증은 밀려오고. 이런 아픔은 어렵지만 견뎌보겠다고 욥은 생각했어. 하지만 심연에서 풀리지 않는 물음은 그를 뿌리에서부터 휘청이게 만들었단다.
욥은 그 질문이 무엇을 의미하는지 알아차린 거야. 이유가 없는 고난이 세상에 존재할 수 있다는 것은 곧 선과 악을 가르는 기준이 없다는 뜻이니까. 세계를 떠받치고 있는 질서란 우연일 뿐이라는 것이니까. 이런 생각은 하나의 무신론이란다.

그렇다면 욥의 마지막 말을 이제는 이해할 수 있겠니?
긴 침묵을 깨트리고 내가 욥을 찾아갔을 때, 나는 그가 그토록 궁금해했던 고난의 이유를 대답해 주지 않았다. 그저 나타나기만 했어. 그러나 그것만으로 욥은 자신을 괴롭히던 의문이 해결되었다고 여겼어. 욥이 왜 그런지 알 것 같니? 안정감을 느꼈기 때문이란다. '지금 겪는 고통에 어떤 이유나 목적이 있는지 알지 못해도 괜찮다, 하나님이 계시기만 한다면.' 소리를 내지 않고 이따금 몸을 들썩이며 우는 욥을, 나는 애처롭게 바라봤단다.

이유와 목적이 분명해 보이는 고통이 있지만, 골똘히 생각해도 의미를 찾기 어려운 고난도 있어. 그런 고난을 마주한다면 누군가의 조언이나 위로가 사람의 헛헛함을 사라지게 할 수 없을 거다. 그 쓸쓸함은 애초부터 나를 간절히 요청하고 있으니까.

내가 있단다. 변함없이. 네 눈에 보이지 않고 느껴지지 않아도 여기, 네가 처한 아픔에, 상처의 한복판에. 그러니 고난의 원인을 찾고자 자신에게 가혹해지지 마. 스스로를 혹독한 추위 속으로 몰아넣지 마. 그저 고개를 들어 네 삶에 있는 나를 바라보렴.

열두 번째 편지　　　　　　　　　_솔로몬의 듣는 마음

지혜가
발생하는
장소

누가 주의 이 많은 백성을 재판할 수 있사오리이까 듣는 마음을 종에게 주사 주의 백성을 재판하여 선악을 분별하게 하옵소서(왕상 3:9).

아버지를 닮았구나.
처음 솔로몬의 기도를 들었을 때 생각했단다. 나는 다윗의 중심을 본 것처럼 솔로몬의 마음을 봤는데, 그 마음이 얼마나 맑고 투명하던지. 그래서 솔로몬에게 지혜를 건네기로 했다.

그러니까, 나는 지혜가 발생하는 장소에 대해 말하려는 거야.
사람들은 흔히 그곳이 머리라고 생각하지만 실은 마음이라는 걸

넌 알고 있니? 욕망의 잔여물로 차 있어서 더는 들어갈 공간이 없는 마음이 아니라, 무엇을 건네도 고스란히 받아들일 수 있는 마음. 이런 마음의 여백에서 지혜는 생겨난단다.

그 마음의 여백이 '듣는 마음'이라는 걸 말해 주고 싶구나.
판단이 모두 끝나서 이제는 말할 수 있겠다는 마음이 아니라 아직 모른다는 것을 알고 더 들으려는 마음 말이야. 이건 타인을 향한 태도이기도 해. 사람의 겉을 보고 규정하긴 쉽지만, 규정하기를 유보하고 그의 깊은 내면을 끝까지 들어보려는 건 쉽지 않은 일이지.
하지만 듣는 마음은 이 어려움을 택하는 일이란다.

네가 이 지혜로운 태도를 포기하지 않으면 좋겠구나.
말갛고 투명한 지혜를. 사려깊은 이 태도를.
아버지인 내가 네 기도와 간절한 목소리를 가장 마지막까지 듣는 것처럼 말이다.

열세 번째 편지 _룻의 동행

사랑은
그의 곁에서 함께
견뎌 주는 일

룻이 이르되 내게 어머니를 떠나며 어머니를 따르지 말고 돌아가라 강권하지 마옵소서 어머니께서 가시는 곳에 나도 가고 어머니께서 머무시는 곳에서 나도 머물겠나이다 어머니의 백성이 나의 백성이 되고 어머니의 하나님이 나의 하나님이 되시리니(룻 1:16).

나오미, 이 여인의 이름은 '기쁨'이었어.
넉넉한 형편은 아니었지만 자신이 가진 것에 감사하며, 얼굴의 표정과 몸짓에 진하게 배어 있는 낙천과 긍정이 아직 훼손되지 않은 사람이었지. 예상하지 못한 가난이 그 가정을 송두리째 흔들었을 때에도, 그녀는 상황에 짓눌리는 대신 침착한 얼굴로 지금껏 뿌리 내린 삶을 정리하고 모압 지방으로 옮겨 갔단다. 그녀의 삶을 요약하는 짐들을 머리에 이고 걷는 동안 그녀는 은밀하게 새출발을 기대하기도 했어.

하지만 희망은 그녀를 끈질기게 배반했다. 모압에 정착한 지 얼마 되지 않아 남편은 죽었고, 가정을 이룬 자녀들이 더 이상 걱정되지 않을 무렵, 두 아들은 죽고 말았어. 생계를 위해 아무것도 할 수 없는 그녀 자신과 두 며느리만이 남았지. 한껏 부풀어 오른 순간 펑 터지는 풍선을 보는 것처럼, 그녀는 한순간에 형체 없이 사라진 희망을 텅 빈 눈으로 바라봤단다.

그 순간 나오미는 문득 감각했어. 기쁨이라는 이름과 자기 삶 사이에 놓인 헐거운 거리를 말이다. 힘겨운 상황에서도 나오미가 감사와 희망을 잃지 않은 것은 그녀의 천성이 낙천적이라서가 아니야. '하나님은 변함없이 나를 돌보고 인도하신다'는 믿음이 그녀의 얼굴에 미소가 떠나지 않게 만들었다.

그러나 믿음에 균열을 가게 만드는 일들이 몇 차례 일어나면서 그녀는 이름을 바꾸겠다고 결심했어. 이제 자신은 나오미(기쁨)가 아니라 마라(괴로움)라고. 이런 결정에는 자기 삶을 향한 탄식이, 은밀하게는 나를 향한 의혹과 책망이 묻어 있단다. 자신의 삶의 소박한 낙천과 긍정을 왜 빼앗아야만 하는지, 왜 자신을 더 괴롭게 하는지 말이야.

두 며느리가 자신을 따르겠다고 했을 때 나오미가 기어이 거절한 이유가 있어. 자신의 기구한 삶의 반경에 그들이 들어오게 하고 싶지 않았던 거야. 하나님의 저주는 자신만으로 충분하다는 듯이 말이다. 그때 오르바는 작별인사를 하고 떠났지만 룻은 오히려 나오미를 더욱 붙잡았지. 자신도 어머니의 고향에 따라가겠다고 했어. 지금껏 모압을 벗어나 본 적이 한 번도 없었을 뿐더러, 설령 그곳에 가더라도 살아갈 방법이 요원했는데, 그러니까 미래가 보이지 않아 두렵고 막막했는데, 룻은 어째서 그런 결정을 할 수 있었을까?

룻은 자신 앞에 놓인 불확실한 미래를 걱정하는 대신, 눈앞의 나오미를 바라봤어. 가혹한 미래가 자신을 덮칠 것을 두려워하기보다, 사랑이 필요한 사람 곁에서 사랑을 건네려고 했지. 나오미 곁을 떠나지 않는 룻의 동행은, 꼭 예수와 닮아 있단다. 자신의 고통보다 타인을 염려하고 연민하는 마음, 사랑하는 사람을 위해 기꺼이 자신의 목숨을 포기해도 좋다는 희생의 마음이 말이야.

그 마음으로 예수는 쓴잔을 마셨고, 룻은 '마라'의 곁을 끝까지 떠나지 않았어.

사랑은 그의 곁에서 함께 시간을 견뎌 주는 일.
이후에 일어날 고통과 아픔을 예상해도,
그의 곁을 떠나지 않겠다는 결심을 거두지 않는 일.
그 사랑이, 자주 희망에 배신당한 나오미를 여전히 살아 있게 하고, 다시 희망을 꿈꿀 수 있게 해.

삶이 건네는 쓴 물을 마셔 본 사람이 네 주변에도 여럿 있을 거야. 그들은 은밀하게 외로워하면서 조용하게 괴로워하고 있단다. 자, 너의 동행이 필요한 순간이야.

열네 번째 편지 _베드로의 눈물

이토록
사랑스러운
슬픔도 있지

베드로가 이르되 이 사람아 나는 네가 하는 말을 알지 못하노라고
아직 말하고 있을 때에 닭이 곧 울더라 주께서 돌이켜 베드로를 보시니
베드로가 주의 말씀 곧 오늘 닭 울기 전에 네가 세 번 나를 부인하리라
하심이 생각나서 밖에 나가서 심히 통곡하니라(눅 22:60-62).

막 예수를 체포한 성전 경비대장과 장로들이 예수를 대제사장의 집으로 데려간 날 밤. 뜰 한 가운데에 피워 둔 불을 향해 몇 명의 사람들이 모여들었어. 어둡고 서늘한 밤이어서 멀리서도 사람들은 그 빛을 쉽게 알아볼 수 있었지. 그들은 불을 향해 손을 뻗은 채 재판에 관한 저마다의 분석을 주고받았단다. 무슨 명목으로 예수가 잡혔으며, 그의 어떤 행동과 말이 체포에 결정

적인 영향을 주었는지 돌아보았고, 어떤 판결을 받을지 짐작하며 앞을 내다보기도 했어.

베드로가 그들 사이에 있었다. 그들이 주고받는 말과 말 사이에. 저마다의 추측이 베드로의 머리 위를 오가는 동안, 그는 고개를 숙이고 말을 삼켰어. 침묵이 그 순간 자신이 할 수 있는 최선의 변호라 생각하면서.

베드로를 알아본 사람들이 있었어. 너도 그와 같이 있던 사람이 아니냐. 날카롭게 벼려진 칼 같은 질문이 베드로를 향해 날아들어올 때, 그는 필사적으로 자신을 보호했단다.
나는 그 사람을 알지 못한다고. 그렇게 세 번을 반복하며 예수를 모른다 하는 순간, 어디에선가 닭 울음소리가 울리고, 예수는 몸을 돌려 자신을 부인하는 베드로의 얼굴을 바라봤어.

허공에서 베드로의 눈과 예수의 눈이 만나자 베드로는 그 눈빛에 찔렸단다. 예수의 눈빛이 베드로에게 기억을 떠올리게 만들었거든. 감옥도, 죽는 곳까지도 따라가겠노라고 뜨겁게 장담했던 일과 그런 열정에 찬물을 끼얹듯 세 번이나 부인할 것을 냉정하게 예언한 예수의 대답. 베드로는 그 순간에는 몹시 서운했지만, 그것이 자신을 향한 가장 정확한 예언이었음을 비로소 알게 되었어. 자신의 믿음이 이토록 허약하다는 것을, 나라는 사람이 이중적인 존재라는 사실을 사무치게 아파했단다.

죽는 순간까지도 주님을 따르겠다더니, 정작 죽음의 위기 앞에서 주저 없이 예수를 부인한 사람. 진심과 의지가 같기를 원하고 말과 삶이 일치되기를 꿈꿨으나 그것이 어긋나는 경험을 베드로는 그때 겪었어. 베드로는 예수를 모르던 시몬으로 되돌아간 것이란다. 예수를 깊이 알고 따르던 베드로로부터 말이야. 예수와 함께 지내면서 쌓아올렸던 믿음이 순식간에 형체 없이 무너져 내렸지.

닭 울음소리가 들리자 베드로는 울음을 터뜨렸어. 이 눈물은 붕괴된 믿음의 폐허 앞에서 어찌할 줄 몰라 발만 동동 구르는 어린아이의 통곡과 같단다.

나는 그런 베드로가 도저히 밉지 않다. 그가 예수를 부인한 것이 단지 죽음이 두려웠기 때문이라도, 공포에 사로잡힌 베드로를 잠잠히 안아주고 싶을 뿐이야. 스스로를 이중적인 존재라며 채찍질하지 않아도 좋다고 말이지. 인간은 다만 위태롭고 흔들리는 존재인데, 다시 처음부터 믿음을 하나하나 쌓아올리면 되니까 말이다.

너에게 바라는 것도 같다. 나는 네 삶이 네가 하는 신앙의 고백을 고스란히 반영하기를 원해. 하지만 동시에 나는 네가 말과 삶의 어긋남 때문에 자신을 지나친 죄책감으로 몰아넣지 않기를 바란다. 아름답게 완성된 너의 믿음을 보고 싶지만 그 못지않게 보고 싶은 건, 아직은 삐뚤빼뚤한 네 믿음이 느리지만 서서히 형태를 갖추어 가는 과정이란다.

이따금씩 믿음이 황망하게 무너져내리는 것 같은 순간이 너에게도 찾아올 거야. 그때, 베드로의 눈물을 기억하렴. 이후로도 오랫동안 베드로는 닭 울음소리가 울릴 때마다 가슴이 저며 왔단다. 하지만 믿음의 폐허를 마주 보는 슬픔이 사람을 더욱 성숙하게 해. 이 사랑스러운 슬픔을 너에게 건네고 싶구나.

열다섯 번째 편지 _아담과 하와의 가죽옷

너에게
새 옷을
입혀 줄게

이에 그들의 눈이 밝아져 자기들이 벗은 줄을 알고 무화과나무 잎을 엮어 치마로 삼았더라 여호와 하나님이 아담과 그의 아내를 위하여 가죽옷을 지어 입히시니라(창 3:7, 21).

아담과 하와는 부끄러워했어. 내가 유일하게 먹지 말라고 한 나무의 열매를 먹고 나서 말이다. 그들은 눈이 밝아지긴 했지만 그 밝아진 눈으로 알게 된 것은 자신들이 벌거벗었다는 사실과 그로 인한 수치심이었지. 급한 대로 무화과나무 잎을 어설프게 엮은 옷을 걸치고 나서야 그들은 안도했단다.

범죄한 둘에게 다가갔을 때, 아담과 하와는 옷을 입고서도 나무 뒤로 숨었어. 나는 나무와 옷 너머도 볼 수 있다는 것을 알고 있는 그들이 어째서 부질없는 행동을 했을까?

죄 때문이란다. 사람의 마음에 죄가 들어오면 뒤이어 수치심이 따라와서 이 둘은 늘 인간에게 함께 찾아와. 내 시선을 벗어나지 못할 줄 알면서도 아담과 하와가 나를 피한 것은, 나에게서 숨으려던 것이 아니라 실은 죄악을 저지른 그들이 스스로 자신을 부끄러운 존재라고 여겼기 때문이야.

이 수치심에 대해 말해 주고 싶구나. 네가 너 자신을 부끄러워하는 마음 말이야. 죄를 짓는 인간에게 수치심을 준 것은 인간의 죄에 대한 나의 대응이란다. 몸 어딘가가 잘못되었을 때 사람이 통각을 느끼는 것처럼 수치심은 인간 존재의 통증이야. 죄가 할퀴고 지나간 자리에 수치심이 상흔처럼 남아 존재의 구석구석을 아프게 하지. 그로 인해 무언가가 잘못되었고, 정상 상태로부터 멀어졌음을 깨닫게 돼.

그런데 수치심이 지나치게 커져 버린다면, 그때 사람은 자신의 존재 자체를 의문에 부치기도 해. '나는 부끄러운 존재일 뿐이다.' 자기 정당성의 근거가 사라지고 더 이상 자신의 삶을 스스로 인정하지 못하는 순간이 일생에 한 번쯤은 찾아오는 것이지. 자신 스스로 부끄러워서 모든 것으로부터, 아담과 하와처럼 나, 하나님으로부터도 숨고 싶은 순간이 말이야.

부끄러워하는 아담과 하와에게 나는 가죽옷을 입혀 주었어. 그 촉감을 느낄 때마다 그들은 자신의 부족함과 한계를, 그리고 어렴풋한 수치심을 함께 느끼게 돼. 옷 뒤로 간신히 몸을 숨겼지만, 옷을 벗어 버린다면 언제라도 부끄러움을 느낄 수 있는 존재라는 것을 인식하면서 말이야.

네가 수치심을 지나치게 느끼지 않아도 좋다고 말하고 싶구나. 아담과 하와처럼 나를 피하고 싶어하진 말렴. 그러나 동시에 부끄러움이 네 안에서 얼마나 활발하게 작동하고 있는지도 점검해야 한다. 그 느낌이 점점 옅어지는 것 같다면, 좋은 상태가 아님을 스스로 자각할 수 있어야 해.

인간의 수치심은 네가 입은 옷으로는 없어지지 않을 거야. 내가 주는 옷이어야만 해. 그리스도를 믿는 사람만이 입을 수 있는 의의 옷 말이다. 수치심을 잠깐 완화해 주는 옷과는 본질적으로 다른, 근본적으로 네 존재를 변화시키는 옷이지.
그 옷이 너를 잠잠하게, 완전하게 덮어줄 것이다.
오늘도 그 옷을 입고 내 품 안에서 평안을 누리렴.

사랑은 그의 곁에서 함께
시간을 견뎌 주는 일

이후에 일어날
고통과 아픔을 예상해도
그의 곁을 떠나지 않겠다는
결심을 거두지 않는 일

그 사랑이
자주 희망에 배신당한 나오미를
여전히 살아 있게 하고

다시 희망을
꿈꿀 수 있게 했어

삶이 건네는 쓴 물을 마셔 본 사람이
네 주변에도 있을 거야

자, 너의 동행이 필요한 순간이야

3부 아침을 기다리는 어둠

너와 같은 사람이 된 나 _내가 진 십자가를 기억하렴

열여섯 번째 편지　　　　　　　　　　　　　　　　　　　　_회복

네가 교회가
되어 주렴

… 예수께서 성전에 들어가사 성전 안에서 매매하는 자들을 내쫓으시며 돈 바꾸는 자들의 상과 비둘기 파는 자들의 의자를 둘러 엎으시며 아무나 물건을 가지고 성전 안으로 지나다님을 허락하지 아니하시고 이에 가르쳐 이르시되 기록된 바 내 집은 만민이 기도하는 집이라 칭함을 받으리라고 하지 아니하였느냐 너희는 강도의 소굴을 만들었도다 하시매
대제사장들과 서기관들이 듣고 예수를 어떻게 죽일까 하고 꾀하니 이는 무리가 다 그의 교훈을 놀랍게 여기므로 그를 두려워함일러라 그리고 날이 저물매 그들이 성 밖으로 나가더라(막 11:15-19).

처음 이 구절을 읽었을 때, 조금 놀라지 않았니?
예수도 이렇게 화를 낼 수 있구나, 라는 생각에 말이야. 사람을

내쫓고, 상과 의자를 엎기도 하며, 모욕적인 말을 쏟아 내는 예수의 모습이 아마 낯설게 느껴졌을 거야.

그 상황에 대해 네게 말해 주고 싶은 게 있어. 그때 예수는 화가 난 게 아니었단다. 예수는 죽음이 자신을 덮칠 것과 내게 버림받아야 하는 시간이 얼마 남지 않았다는 것을 알았어. 그래서 인간의 그 완강한 죄성이 이윽고 성전까지 더럽히는 것이 몹시 슬펐던 것이지. 그런 예수의 마음을 조금은 짐작할 수 있겠니?

예수는 예상했다. 이 땅에서 자신의 사역을 모두 마치고 하늘로 올라간 뒤에, 언젠가 사람들은 다시 성전에 돌아와 매매하고, 비둘기를 팔며, 장사할 물건을 들고 성전 여기저기를 다닐 거라는 것을. 죄성이 이토록 완강하다는 것을 예수는 모르지 않았어. 그러나 알면서도, 왜 끝내 변하지 않는 사람들을 향해 부질없어 보이는 행동을 했을까?

보여 주고 싶어서야. 거룩을 향한 열망을, 거룩이 망가지고 훼손되는 것의 슬픔을 말이야. 성전에서 보인 예수의 분노는 성전 밖에서 예루살렘 성을 보며 흘린 예수의 눈물과 본질적으로 닿아 있단다. 예수는 멀쩡한 성전에서 그 성전의 폐허를 본 것이지.

나는 예수가 느낀 슬픔을 함께 느꼈는데, 이제는 그러고 싶지 않구나. 이 폐허의 자리 위에 네가 교회를 세워 주지 않을래? 세상을 구성하고 지탱하는 원리와는 전혀 다른 원리, 거룩으로 구현되는 내 나라의 모델인 교회를. 거룩이 훼손되는 것에 대한 슬픔을 네게 보여 줬으니 너는 거룩으로 구축되고 사랑으로 세워지는 교회를 만들어서 사람들에게 보여 주렴.

네가 그 교회가 될 수 있겠니?

열일곱 번째 편지 _근원

네 삶의 근거는
무엇이니?

그들이 다시 예루살렘에 들어가니라 예수께서 성전에서 거니실 때에 대제사장들과 서기관들과 장로들이 나아와 이르되 무슨 권위로 이런 일을 하느냐 누가 이런 일 할 권위를 주었느냐
예수께서 이르시되 나도 한 말을 너희에게 물으리니 대답하라 그리하면 나도 무슨 권위로 이런 일을 하는지 이르리라 요한의 세례가 하늘로부터냐 사람으로부터냐 내게 대답하라 그들이 서로 의논하여 이르되 만일 하늘로부터라 하면 어찌하여 그를 믿지 아니하였느냐 할 것이니 그러면 사람으로부터라 할까 하였으나 모든 사람이 요한을 참 선지자로 여기므로 그들이 백성을 두려워하는지라
이에 예수께 대답하여 이르되 우리가 알지 못하노라 하니 예수께서 이르시되 나도 무슨 권위로 이런 일을 하는지 너희에게 이르지 아니하리라 하시니라(막 11:27–33).

전날 성전에서 저지른 예수의 행동 때문에 대제사장과 서기관, 장로들은 많이 놀라고 분했어. 그래서 다음 날 예수와 제자들이 예루살렘 성전에 다시 들어오는 걸 보고 그들은 질문했지. 누가 당신에게 이런 일을 할 권위를 주었냐고. 이 물음 뒷면의 숨죽인 분노와 깊은 환멸을 짐작할 수 있겠니.

예수는 질문에 답하지 않고 도리어 그들에게 되돌려 줬어.
요한이 베풀던 세례의 기원이 하나님인지, 사람인지를 답하라고 말이야. 그들은 고민에 빠졌어. 하나님이라고 하면 '너희는 하나님께서 귀하게 사용하신 요한의 권위를 왜 인정하지 않았느냐'라고 책망받을 것 같고, 사람이라고 하자니 요한을 따르던 이들의 비난을 받을 것 같았지. 그들은 그래서 이렇게 말했어. "알지 못하노라."

그들은 모르겠다고 답했지만 보다 정확한 대답은 '알고 싶지 않습니다'가 맞아. 그들은 진실을 알고 싶지 않은 거야. 인정하고 싶지 않은 거지. 지금껏 자신이 몸 담은 신념체계가 거짓이라는 게 드러날 것 같았으니 말이야.
성경은 '그들이 백성을 두려워했다'라고 기록했는데, 그들이 가진 두려움의 근원은 더 깊은 곳에 있었어. 자기 삶을 떠받치는

근거가 아예 사라지는 것. 설령 거짓이라 할지라도, 스스로를 속여서라도 그 위에 자신을 지탱하고 싶은 마음에 있었지.

나는 이들이 안타까워. 삶을 지탱하게 하고, 존재의 의미를 확증해 주는 토대가 오직 내게 있다는 진실을, 안간힘을 다해 외면하는 그들의 고집이 말이야. 고집은 그들을 진실로부터 멀어지게 해. 빛을 등진 채로 어둠 속에 머물러 있기를 택한 이들은 그래서 빛을 깨달을 수 없단다.

하지만 나는 빛을 비추기를 그만두지 않을 거야. 언제라도 그들이 몸을 돌리기만 한다면 밝음을 향해 나아올 수 있도록 말이지. 삶의 길을 걷다 보면, 언젠가 너도 대제사장, 서기관, 장로들에게 던져진 동일한 질문에 답해야 하는 순간이 있을 거다. 네가 딛고 선 토대를 내려다보게 만드는 질문, 그러니까 '네 삶의 근거는 무엇이니'라는 질문. 그때 해야 할 대답을 위해, 나는 지금 네게 묻고 있단다. 네 심연을 정직하게 마주 보면 좋겠구나.

열여덟 번째 편지 _가룟 유다

근거가 흔들린
사람을 봐

열둘 중의 하나인 가룟 유다가 예수를 넘겨 주려고 대제사장들에게 가매 그들이 듣고 기뻐하여 돈을 주기로 약속하니 유다가 예수를 어떻게 넘겨 줄까 하고 그 기회를 찾더라(막 14:10-11)

어제 네게 삶의 근거에 대해 물었지? 오늘은 토대가 흔들린 사람의 이야기를 해 줄게. 유다는 처음부터 예수를 넘기려는 목적으로 제자가 된 게 아니었어. 지극히 순수한 마음이었지. 그러나 언제부턴가 흔들렸어. 내가 왜 이곳에 있으며 무엇을 해야 하는지, 이전에는 누구보다 잘 안다고 생각했던 바로 그 근거를 이제는 확신할 수 없게 된 거야.

끝내 예수를 넘기는 쪽을 택한 유다는 예수와 제자들을 뒤로 하고 대제사장에게로 걸어갔어. 이렇게 말할 수 있겠구나. 유다는 의미와 무의미 사이에서 '무의미'를 택했다고 말이다. 의미를 등진 사람의 허무하고 쓸쓸한 걸음걸이였지.

의미의 테두리 안에 있는 사람들은 의미 바깥의 영역, 그러니까 무의미를 선택한 사람을 이해할 수 없을 거야. 그러나 어떤 사람들은 도리어 자기 몫으로 주어진 의미의 압력과 거기서 오는 둔중한 무게를 견딜 수 없다고 여긴단다. 그들의 앞으로 나 있는 길은 무의미를 향하는 길, 자기 삶을 이루던 모든 의미를 부정하거나 거부하고 허망함과 쓸쓸함만을 끌어안고서 걸어가야 하는 길이지.

유다는 그렇게 몰락을 향해 걸어갔다.
한없이 천천히, 느리게. 자신을 붙잡을 누군가의 손을 기다리는 듯한 무거운 걸음으로.

열아홉 번째 편지 _마지막 만찬

생명이 생명을 시작하게 하는 식사

그들이 먹을 때에 예수께서 떡을 가지사 축복하시고 떼어 제자들에게 주시며 이르시되 받으라 이것은 내 몸이니라 하시고 또 잔을 가지사 감사 기도 하시고 그들에게 주시니 다 이를 마시매
이르시되 이것은 많은 사람을 위하여 흘리는 나의 피 곧 언약의 피니라 진실로 너희에게 이르노니 내가 포도나무에서 난 것을 하나님 나라에서 새 것으로 마시는 날까지 다시 마시지 아니하리라 하시니라 이에 그들이 찬미하고 감람산으로 가니라(막 14:22-26).

그 밤, 예수와 제자들이 둘러앉은 마지막 식사 자리를 이야기해 볼까? 그들 사이로 내려앉은 어딘가 묵묵하고 이상하리만치 고요한 공기를 말이야. 방금 예수는 제자들에게 충격적인 말을 했

어. '너희 중에 나를 넘겨줄 사람이 있다'라고. 몹시 당혹스러운 표정으로 제자들이 서로를 둘러보았을 때, 유다는 말없이 그 자리에서 일어나 나갔다. 남은 사람들이 유다가 남겨 놓은 무거운 공기를 감당해야 했지.

이제 무슨 말을 해야 하는 건가, 유다를 쫓으러 가야 하나, 제자들이 고민할 때 예수는 그들을 한 번 더 뜨악하게 만들었어. 떡을 나눠 주면서 '이것은 내 몸이다'라고 하질 않나, 포도주를 나눠 주면서는 '이것은 내가 흘리는 피'라고 하질 않나. 제자들이 그걸 잘 받아먹었을까? 자기 몫으로 주어진, 꼭 살결처럼 희멀건 떡과 무섭도록 형형한 붉은 포도주를 말이야.

그 자리를 둘러싼 모든 것이 죽음을 가리키거나 암시하고 있다고 생각했을지 몰라. 어쩌면 지금 너도 그렇게 생각할지 모르겠구나. 그러나 그건 예수의 의도가 아니란다.
예수는 떡과 포도주로 자신의 죽음을 상징적으로 표현한 것이 아니라, 그걸 먹고 마시는 너희 깊은 속으로 들어가 거기서 영원히 존재하는 생명을 표현하기 위해서였다. 그런 의미에서 이 자리는 마지막 만찬이 아니라, 시작하는 만찬이야. 생명이 생명을 시작하게 하는 만찬.

예수가 만나의 형식, 떡과 포도주의 형식으로 자신을 표현했다는 점을 네가 오래 생각했으면 좋겠구나. 예수는 양식이 되어 사람 안에 들어가 그들의 삶을 시작하게 하거나 지탱하게 해. 죽어야만 생명이 시작될 수 있다는 듯이 말이야.

네게 이런 죽음을 바라는 게 아니야. 내가 바라는 건 생명이란다. 나는 네가 예수처럼 누군가의 만나, 떡과 포도주, 양식이 되어 주기를, 그래서 누군가가 자기 삶을 버틸만한 것으로 여기는 데 도움을 주기를 원해. 그러는 과정에서 비록 '작은 죽음'을 경험할지라도, 그 작은 죽음 안에 담긴 예수는 기필코 누군가의 안에서 큰 생명이 될 거야.

스무 번째 편지 _순종

누군가에게
네 발자국을
남겨 주길

그들이 겟세마네라 하는 곳에 이르매 예수께서 제자들에게 이르시되 내가 기도할 동안에 너희는 여기 앉아 있으라 하시고 베드로와 야고보와 요한을 데리고 가실새 심히 놀라시며 슬퍼하사 말씀하시되 내 마음이 심히 고민하여 죽게 되었으니 너희는 여기 머물러 깨어 있으라 하시고
조금 나아가사 땅에 엎드리어 될 수 있는 대로 이 때가 자기에게서 지나가기를 구하여 이르시되 아빠 아버지여 아버지께는 모든 것이 가능하오니 이 잔을 내게서 옮기시옵소서 그러나 나의 원대로 마시옵고 아버지의 원대로 하옵소서 하시고
돌아오사 제자들이 자는 것을 보시고 베드로에게 말씀하시되 시몬아 자느냐 네가 한 시간도 깨어 있을 수 없더냐 시험에 들지 않게 깨어 있어 기도하라 마음에는 원이로되 육신이 약하도다 하시고 다시 나아가 동일한 말씀으로 기도하시고 다시 오사 보신즉 그들이 자니 이는 그들의 눈이 심

히 피곤함이라 그들이 예수께 무엇으로 대답할 줄을 알지 못하더라 세 번째 오사 그들에게 이르시되 이제는 자고 쉬라 그만 되었다 때가 왔도다 보라 인자가 죄인의 손에 팔리느니라 일어나라 함께 가자 보라 나를 파는 자가 가까이 왔느니라(막 14:32-42).

네 기도에 내가 보인 단단한 침묵을 경험한 적이 있을 거야. 그때마다 넌 서운해하면서 의문했지. 그럼에도 나는 이유를 말하지 않을 거야. 시간이 오래 지나고 세상의 역사가 완성되면 모든 것이 환하게 드러날 거다. 그때 아무 숨김없이 네게 모든 걸 말해 줄게.

다만 지금 이건 말해야겠구나. 네가 겪은 침묵을 내 아들 예수도 경험했단다. 내가 예수에게 침묵하기 시작한 건 십자가에서만이 아니라 그전부터, 그러니까 겟세마네부터였어. 그곳에서 예수가 간절하게 기도했을 때, 나는 이 침묵을 지키기 어려웠다. 몹시 사랑하는 아들에게 어떤 응답도 하지 않는다는 것, 아무리 간절하게 애원하더라도 단호히 고개를 돌리는 일의 어려움은, 누군가를 가슴 깊이 사랑해 본 너도 짐작할 수 있을 거야.

그렇게 예수는 겟세마네에서부터 십자가까지 내 묵묵한 침묵을 마주했어. 그가 버거워한 건 곧 닥칠 죽음만이 아니라 내가 보인 깊은 침묵 때문이기도 했단다. 그동안 어떤 막힘이나 방해 없이 나와 소통하던 예수로서는 그 며칠이 몹시 생경하고 막막했을 거야. 깊은 밤, 단잠에 빠진 제자들에게 '어째서 깨어 기도하지 않느냐, 기도하기를 원하지만 육신이 약하다'라고 책망한 건, 답답함과 아득함을 마주한 자기 자신을 향한 것이기도 해.

예수는 자기 몫의 잔을 옮겨 달라고 기도했지만 그것은 내가 원하는 것도, 예수의 사명도 아니었단다. 그것을 안 예수는 간구를 철회하고 내 뜻만이 이뤄지기를 구했지. 기도를 마친 그가 여전히 잠에 빠진 제자들을 향해 더는 질책하지 않고 '보라 나를 파는 자가 가까이 왔다'라고 말했을 때, 그에게서 어떤 결연함과 의연함을 느낄 수 있겠니. 침묵하는 아버지와, 감당하기 어려운 현실을 마주하고서도 예수는 십자가를 향해 걷기를 선택했다.

이건 발자국을 남기는 일이야.
사방을 분간하기 어려운 광야에서 뒤따라올 누군가를 위해 발자취를 남기는 것처럼. 아무도 밟지 않은 새하얀 눈밭에 뒤따라 걸어올 사람을 위해 신중한 마음으로 걸음을 내딛는 일과 같아.

기도해도 여전히 나는 침묵을 지키고, 현실은 두렵거나 버겁기만 함에도, 자신의 걸음을 따라올 누군가를 위해 믿음의 길을 선택하는 일.

예수가 선택한 길을 네가 걸어가는 것처럼, 너도 누군가에게 네 발자국을 남겨 줄 수 있겠니?

스물한 번째 편지 _속죄

그 죽음은
네 죄 때문이란다

제구시에 예수께서 크게 소리 지르시되 엘리 엘리 라마 사박다니 하시니 이를 번역하면 나의 하나님, 나의 하나님 어찌하여 나를 버리셨나이까 하는 뜻이라 곁에 섰던 자 중 어떤 이들이 듣고 이르되 보라 엘리야를 부른다 하고 한 사람이 달려가서 해면에 신 포도주를 적시어 갈대에 꿰어 마시게 하고 이르되 가만 두라 엘리야가 와서 그를 내려 주나 보자 하더라 예수께서 큰 소리를 지르시고 숨지시니라 이에 성소 휘장이 위로부터 아래까지 찢어져 둘이 되니라

아리마대 사람 요셉이 와서 당돌히 빌라도에게 들어가 예수의 시체를 달라 하니 이 사람은 존경 받는 공회원이요 하나님의 나라를 기다리는 자라 빌라도는 예수께서 벌써 죽었을까 하고 이상히 여겨 백부장을 불러 죽은 지가 오래냐 묻고 백부장에게 알아 본 후에 요셉에게 시체를 내주는지라

요셉이 세마포를 사서 예수를 내려다가 그것으로 싸서 바위 속에 판 무덤에 넣어 두고 돌을 굴려 무덤 문에 놓으매(막 15:34-38, 43-46).

예수는 십자가에 못 박혔고, 그 죽음은 네 죄 때문이란다.
방금 내가 적은 문장의 온도가 얼마나 서늘한지 느꼈니. 하지만 이 차가운 사실은 널 책망하기 위해 존재하는 게 아니란다. 도리어 널 구원하기 위한 거야. 누군가는 죄를 대신 짊어져야 했고, 그러면서 죄에 따른 심판을 받아야 했으며, 그렇게 전가된 죄로 인해 그는 얼음장같이 싸늘한 내 침묵을 겪어야 했지. 네가 방금 느낀 서늘함과는 비교도 되지 않는, 끝을 알 수 없는 아득한 내 외면을 말이다.

죽은 예수의 시신을 아리마대 요셉이 받았는데 이미 체내의 수분이 대부분 빠져나간 뒤라 무게는 가벼웠어. 그러나 그 안에는 인간의 죄가 빼곡히 담겨 있었다. 틈이 생길 수도 없는 높은 밀도로. 아리마대 요셉은, 자신도 모르게 세상 모든 죄의 무게를 느낀 셈이야. 그는 그걸 가볍다 여겼겠지만, 내게 그보다 무거운 건 없단다. 한 인간이 일생 동안 지은 죄의 무게도 측량하기 어려운데, 세상 모든 죄의 무게라니.

짐작할 순 없더라도, 네 죄의 무게만은 헤아려 보면 좋겠구나. 그렇지 않으면 어렴풋이 가볍다고 여길지도 모르지. 그러나 깊이 생각해 보면 네 죄의 무게가 예수의 죽음의 무게와 같다는 걸 어렵지 않게 떠올릴 수 있을 거다. 네 죄는 예수의 죽음만큼 무겁다.

기억하렴. 죄 없는 이가 홀로 짊어진 세상의 모든 죄를, 그 무게를. 짐작조차 되지 않는 무거움을 자기 몸 안에 차곡차곡 쌓아둔 이의 체중을. 누군가에게는 그것이 영영 가볍겠지만, 내가 영원히 무거워할 수밖에 없는 그 무게를.
네가 결코 그것을 가볍게 여기지 않기를, 나는 진심으로 원해.

P.S. 혹시 내 말투가 조금 서늘해졌다는걸 눈치챘다면 죄에 대해 엄중하게 말하려는 것일 뿐, 다른 의미가 없음을 헤아려 주면 좋겠구나.

스물두 번째 편지 _십자가

십자가의
다른 의미

안식일이 지나매 막달라 마리아와 야고보의 어머니 마리아와 또 살로메가 가서 예수께 바르기 위하여 향품을 사다 두었다가 안식 후 첫날 매우 일찍이 해 돋을 때에 그 무덤으로 가며 서로 말하되 누가 우리를 위하여 무덤 문에서 돌을 굴려 주리요 하더니 눈을 들어본즉 벌써 돌이 굴려져 있는데 그 돌이 심히 크더라
무덤에 들어가서 흰 옷을 입은 한 청년이 우편에 앉은 것을 보고 놀라매 청년이 이르되 놀라지 말라 너희가 십자가에 못 박히신 나사렛 예수를 찾는구나 그가 살아나셨고 여기 계시지 아니하니라 보라 그를 두었던 곳이니라(막 16:1-6).

생각해 보렴. 아직은 고요한 새벽, 온 세상이 푸르스름한 빛으로 물든 시간에 예수의 몸에 향유를 바르기 위해 무덤으로 향하

는 여인들이 있었어. 그들의 마음이 어땠을까? 쓸쓸한 걸음으로 손에 든 향품의 무게를 느끼며 그들은 예수와 함께했던 날들을 떠올렸을 거야. 예수를 만나고 그가 나를 어떻게 변화시켰는지를 가늠하기도 하고, 그가 죽던 날, 대낮에 일순간 찾아온 어둠과 정적을, 그 서늘한 낙차를 감각하면서 말이다.

그런데 무덤가로 도착한 그들이 마주한 것은 예수의 빈자리였어. 그건 더 이상 그들에게 생의 무의미를 일러 주는 게 아니었지. 예수의 빈자리는 그가 다시 살아났다는 강력한 증거가 된 거야.

순간 놀란 그들은 말문이 막혔지만, 거기서 나오는 동안 알아차렸어. 무의미에서 충만한 의미로, 절망이 희망으로 옮겨 가는, 자신의 내면에서 일어나는 고요하지만 단호한 변화를 말이야. 새벽이 아침이 되면서 어둡던 세상이 일제히 환해지는 풍경의 변화가 꼭 자기 내면의 풍경과 닮았다는 걸 인식했지.

십자가도 이제 그들에게 다른 의미가 되었단다. 십자가는 예수의 죽음이 기록된 곳이 아니라, 바로 자신들을 구원하기 위한 나, 하나님의 깊은 계획이 담긴 사랑의 징표가 되었어. 이런 식으로 나는 죄로 오염되고 타락한 세상을 하나씩 바꾸고 있어. 먼저 너를 죽음에서 구해 냈고, 구원받은 네가 여전히 죄의 영향 아래에 놓인 사람과 피조 세계를 죽음에서 생명으로 전환하는 일에 동참하기를 바라고 있지.

이 일을 오늘도 네게 요청하마. 세상을 바꿔 갈 수 있겠니? 아직 세상은 새벽의 시간이야. 이 어둠이 더 짙어질지, 기다리던 해가 떠올라 아침을 맞을지 짐작하기 어려운 시간에 네가 빛을 새겨 주렴. 모든 것이 명료해지는 빛을. 그렇게 되면 세상의 눈물은 기쁨이 되고, 절망이 바뀌어 소망이 되며, 따뜻한 사랑이 고통을 감싸 주어서 세상에 감사와 행복이 더 불어날 거야. 내 나라의 샬롬이 너를 통해 퍼지기를 나는 꿈꾼단다.

스물세 번째 편지　　　　　　　　　　　　　　　　_부활

시작을
되풀이하는 일

그 후에 예수께서 디베랴 호수에서 또 제자들에게 자기를 나타내셨으니 나타내신 일은 이러하니라 시몬 베드로와 디두모라 하는 도마와 갈릴리 가나 사람 나다나엘과 세베대의 아들들과 또 다른 제자 둘이 함께 있더니 시몬 베드로가 나는 물고기 잡으러 가노라 하니 그들이 우리도 함께 가겠다 하고 나가서 배에 올랐으나 그 날 밤에 아무 것도 잡지 못하였더니 날이 새어갈 때에 예수께서 바닷가에 서셨으나 제자들이 예수이신 줄 알지 못하는지라

예수께서 이르시되 얘들아 너희에게 고기가 있느냐 대답하되 없나이다 이르시되 그물을 배 오른편에 던지라 그리하면 잡으리라 하시니 이에 던졌더니 물고기가 많아 그물을 들 수 없더라 예수께서 사랑하시는 그 제자가 베드로에게 이르되 주님이시라 하니 시몬 베드로가 벗고 있다가 주님이라 하는 말을 듣고 겉옷을 두른 후에 바다로 뛰어 내리더라

그들이 조반 먹은 후에 예수께서 시몬 베드로에게 이르시되 요한의 아들 시몬아 네가 이 사람들보다 나를 더 사랑하느냐 하시니 이르되 주님 그러하나이다 내가 주님을 사랑하는 줄 주님께서 아시나이다 이르시되 내 어린 양을 먹이라 하시고 또 두 번째 이르시되 요한의 아들 시몬아 네가 나를 사랑하느냐 하시니 이르되 주님 그러하나이다 내가 주님을 사랑하는 줄 주님께서 아시나이다 이르시되 내 양을 치라 하시고 세 번째 이르시되 요한의 아들 시몬아 네가 나를 사랑하느냐 하시니 주께서 세 번째 네가 나를 사랑하느냐 하시므로 베드로가 근심하여 이르되 주님 모든 것을 아시오매 내가 주님을 사랑하는 줄을 주님께서 아시나이다 예수께서 이르시되 내 양을 먹이라(요 21:1-7, 15-17).

부활한 예수와 재회하고서도 고향으로 돌아가겠다고 하는 제자들의 마음을 생각하면 곤혹스러울 때가 있단다. 예수와 함께 한 3년은 누군가에게는 짧겠지만, 적어도 예수를 따른 그들에게는 근원적인 시간이었어. '삶의 의미', '삶의 목적'이라는 단어로 이루어진 질문이 자기 앞에 왔을 때 그들은 예수와 함께 삶으로 대답해 나갔다. 그러니 그들에게 예수의 죽음은 존경하던 스승과의 사별 정도로 다가오지 않았지. 자신을 지탱하던 근본적인 근거를 한순간에 잃어버린 사람의 상실감과 허탈함, 압도적인 공허가 그들의 시간을 가득 채웠던 거야. 겪어보지 않은 사람들은 헤아릴 수 없는 그런 아득함 말이다.

예수의 부활은 제자들의 공허를 다시 충만한 의미로 바꾸어 준 사건이야. 하지만 왜 그들은 예수와 함께 지내기를 택하지 않고 고향으로 돌아갔을까? 자격이 없다고 생각해서, 예수의 십자가를 외면하거나 도망친 자신들을 용서할 수 없어서, 그래서 그들은 이전에 해오던 익숙한 일을 향해 돌아갔어. 각별히 그 일이 소중해서가 아니라 그것말고는 다른 선택지가 주어지지 않았기 때문이야. 어쩔 수 없는 선택을 내린 사람처럼 머뭇거리면서 말이다. 그러니 '물고기 잡으러 가노라' 말하는 베드로의 말에 배인 쓸쓸함을 헤아릴 수 있겠지. 등을 돌렸지만 묵묵한 정적이 그의 심정을 증명한단다.

얼마간의 공백이 무색할 만큼 그들은 능숙하게 그물을 던졌어. 오래 사용하지 않았으므로 시간의 먼지가 들러붙은 그물을 손질하고, 배에 올라 노를 저으며 어획을 위한 모든 준비 과정을 익숙한 동작으로 해냈어. 하지만 그들은 단 한 마리의 물고기도 잡지 못했단다. 한두 번은 그렇다 해도, 계속해서 텅 빈 그물만을 길어 올리자 그들은 이유를 생각해 봤어. 오래 쉬어서 그런가. 내가 빠트린 것이 있었을까. 시간이 흘러 더이상 하늘과 바다를 구분할 수 없을 정도로 밤이 깊어졌을 때, 실패가 누적되면서 자신을 향한 자책 역시 심해졌지. 지금껏 나는 무얼하며 지냈나. 대체 나는 왜 이 모양인가. 그렇게 스스로를 혹독한 질문 앞으로 내몰았어. 예수가 그들에게 다가온 것은 그때였어. 삶이라는 바다의 심연에서 그들이 끊임없이 공허와 허무만을 길어 올리던 그때. 텅 빈 그물이 증명하는 초라한 이 삶이, 앞으로도 나아질 기미가 보이지 않는 그 무렵이었지. 제자들은 나타난 이가 예수가 맞는지 확신하지 못했는데, 알아차리게 된 계기가 흥미롭단다. '배 오른편에 그물을 던져라'라는 말을 듣고 그대로 하자, 그들은 불현듯 수면 아래의 깊은 곳에 있던 기억 하나를 길어 올리게 된 거야. 지금처럼 밤이 새도록 단 한 마리의 물고기도 잡지 못하고 있을 때, 깊은 곳에서 그물을 던져 보라고 했던 분, 내 삶의 의미와 목적이 놀랍도록 명료해지던 시기의 가장 근원에 있던 기억 말이지.

그렇게 잡은 물고기가 예수와 제자들의 아침이 되었어. 식사하는 동안 떡과 물고기만을 반복해서 먹을 뿐, 누구도 쉽게 침묵을 깨뜨리지 못했지. 예수의 죽음 이후, 3년간 자신이 배운 제자의 삶을 이어나가지 못하고 이전의 삶으로 돌아간 제자들, 죽는 한이 있더라도 결코 부인하지 않겠다 맹세해 놓고 결국 세 번 부인한 베드로. 예수를 마주하고 있는 그들의 명치는 무거운 돌에 눌린 듯 답답했다. 먹어도 무엇을 먹는지 몰랐지.

길고 깊은 정적을 깨트린 건 예수였어. "베드로야, 나를 사랑하니?" 책망하려는 것이 아니었는데, 베드로는 그 어떤 날카로운 것에 베인 것보다 훨씬 아프게 느꼈단다. 같은 질문이 세 번 반복되는 동안 그것은 더 깊은 곳까지 그를 찔렀지. 하지만 예수는 자신을 세 번 부인한 베드로에게 일부러 반대의 질문을 세 번 던진 거야. 이전에는 부인했지만, 이번에는 사랑한다고 고백할 수 있도록. 그렇게 세 번 반복된 실패와 누적된 죄책을 깨끗이 지울 수 있도록. 거기서부터 새롭게 시작할 수 있도록 말이다.

부활을 기념하며, 나는 왜 이 이야기를 네게 건넬까?
부활한 예수가 제자들에게 건넨 동일한 것을 나도 네게 건네기 위해서란다. 시작을 되풀이하는 일. 어떤 잘못을 지었든, 어디에서 넘어졌든, 그곳에서 넌 다시 시작할 수 있어.

때로 삶의 거대한 심연에서 그들처럼 텅 빈 그물만을 길어 올리거나, 삶이 네게 단 한 마리의 물고기도 가져다주지 않을 때, 너는 오늘 들은 이야기를 기억해. 예수는 그때 그들에게 나타났고, 그들이 다시 시작할 수 있게 했다는 것을.
같은 마음을 네게도 건넬게.
언제든 다시 시작할 수 있는 마음을.

때로 삶의 거대한 심연에서
그들처럼 텅 빈 그물만을
길어 올리거나,

삶이 네게 단 한 마리의
물고기도 가져다주지 않을 때

오늘 들은 이야기를 기억해

예수는 그때 그들에게 나타났고
그들이 다시 시작할 수 있게 했다는 것을

같은 마음을 네게도 건넬게
언제든 다시 시작할 수 있는 마음을

4부 새날이 밝다

From 나 _하나님으로부터 오는 것들

스물네 번째 편지 _복

복 있는 사람

복 있는 사람은 악인들의 꾀를 따르지 아니하며 죄인들의 길에 서지 아니하며 오만한 자들의 자리에 앉지 아니하고 오직 여호와의 율법을 즐거워하여 그의 율법을 주야로 묵상하는도다 그는 시냇가에 심은 나무가 철을 따라 열매를 맺으며 그 잎사귀가 마르지 아니함 같으니 그가 하는 모든 일이 다 형통하리로다

악인들은 그렇지 아니함이여 오직 바람에 나는 겨와 같도다 그러므로 악인들은 심판을 견디지 못하며 죄인들이 의인들의 모임에 들지 못하리로다 무릇 의인들의 길은 여호와께서 인정하시나 악인들의 길은 망하리로다(시 1:1-6).

하루라는 형식이 인생 전체의 흐름과 엇비슷하다는 것을 알아

차린 적 있니? 사람은 밤에 잠들면서 작은 죽음을 경험하고, 아침에 눈 뜨면서 고요한 축복감에 휩싸이기도 해. 그게 꼭 작은 탄생 같아서. 매일 일정한 시간마다 그어지는 밤의 경계와 아침의 분기점은 오늘을 어제의 연속이 아니라 새로운 하루라고 생각하게 만든다. 매일매일 꿈꾸고 희망할 수 있지.

오늘 아침 네가 희망해야 할 것을 알려 주고 싶어. 삶을 이루는 체계가 다른 두 부류의 사람이 있단다. 복이 있는 사람과 그렇지 않은 사람이야. 복이 있는 사람이 악인의 꾀를 따르지 않는 이유는 그 길의 목적지가 멸망임을 알아서만은 아니야. 애초부터 그들은 매혹되지 않는단다.

어째서 그들이 매혹되지 않는지 이유를 알 것 같니? 복 있는 사람은 죄인의 길의 끝만이 아니라 기원, 그러니까 출발점을 알아차린 거야. 자기 자신이라는 출발점, 자신으로부터 시작된 길을 걷는 사람은 온갖 꾀를 동원하면서 스스로의 안위와 안정을 확보하려고 해. 하지만 복 있는 사람은 그것이 그렇게 중요하지 않단다. 그들은 이미 큰 복을 소유하고 있기 때문이지. 그리고 그 길의 출발점은 내 계명이란다.

이토록 다른 두 갈래의 길은 곧 삶의 체계 자체가 다르다는 것을 드러내. 이를테면, 삶의 목적, 삶의 의미와 같은 것 말이야. 복 있는 사람이 자신의 안정과 안위를 따분하게 여기는 이유는, 그것이 자기 삶의 궁극적 목적과 방향이 아니기 때문이야. 그들의 관심사는 오직 나, 하나님을 간절히 열망하는 데 있단다.

나를 열망하는 것에서 오는 여유와 넉넉함을 네가 남들에게 보여 주길 나는 원해. 그로 인해 네가 복 없는 자들을 매혹하기를, 선으로 악을 유혹하기를, 나는 꿈꾼다. 시간의 경계는 매일마다 그어지고, 나는 어제 네가 서 있던 길의 기원과 끝을 묻거나 타박하지 않을 거야. 다만 복을 소유한 사람이 보여 줄 수 있는 아름다움을 오늘 마음껏 뽐내면 좋겠구나.

스물다섯 번째 편지 _양선

네 손에
고인 아침을
건네렴

오직 선행으로 하기를 원하노라
이것이 하나님을 경외한다 하는 자들에게 마땅한 것이니라(딤전 2:10).

창 너머로 빛이 들어와 벽에 일렁이면 손바닥을 거기 올려 봐. 빛을 받아 환해진 손을 바라보면 어느새 빛의 온기도 느낄 수 있을 거야. 손을 쥔다면 온기는 네 손 주먹에 고이게 되겠지. 사랑하는 네게 이 따뜻함을 건넨다.

사람의 언어로 비유하자면 선행은 나의 체온, 빛의 온기를 세상에 나눠 주는 일이야. 네가 나눠 줄 수 있는 선의 양이 고작 한 줌밖에 되지 않더라도, 따뜻한 빛을 쥔 손을 다른 이를 향해 펼쳐 보여 주는 일이지. 상대도 이 빛을 만지기를 바라는 마음으로 말이야.

손에서 손으로 빛이 건너가는 동안 그곳의 공기는 아늑해지면서 조금은 냉랭한 마음도 풀릴 수 있을 거야. 황량함— 너와 그의 마음에 오래전부터 자리 잡던—도 물러가겠지.
빛을 간직한다는 것은 이런 거란다. 네가 있는 곳의 분위기를 덥혀 주고, 만나는 사람의 마음에 사랑과 온정의 씨앗을 심는 일. 너의 빛으로 그의 밤을 물러가게 하는 일.

이 애틋한 수고를 오늘 네가 하길 원한다.
네 빛을 건네 주렴, 고요하고 단단한 희망을.
네가 선물 받은 빛의 온기를.
네 손에 고인 아침을.

스물여섯 번째 편지 _화평

고요함이
널 씻겨 줄 거야

예수께서 깨어 바람을 꾸짖으시며 바다더러 이르시되 잠잠하라
고요하라 하시니 바람이 그치고 아주 잔잔하여지더라(막 4:39).

그 때에 이리가 어린 양과 함께 살며 표범이 어린 염소와 함께 누우며
송아지와 어린 사자와 살진 짐승이 함께 있어 어린아이에게 끌리며
암소와 곰이 함께 먹으며 그것들의 새끼가 함께 엎드리며 사자가
소처럼 풀을 먹을 것이며 젖 먹는 아이가 독사의 구멍에서 장난하며
젖 뗀 어린아이가 독사의 굴에 손을 넣을 것이라(사 11:6-8).

평안을 너희에게 끼치노니 곧 나의 평안을 너희에게 주노라 내가
너희에게 주는 것은 세상이 주는 것과 같지 아니하니라 너희는 마음에
근심하지도 말고 두려워하지도 말라(요 14:27).

오늘 아침, 잠에서 깨고 나니 무엇인가 달라졌다고 느끼지는 않았니? 아침마다 차분함과 단정함이, 약간의 낙천과 희망이 마음을 조용하게 물들이는 것을 느껴 봐. 내가 주는 선물이란다. 서두르지 말고 잠깐 이 평화 안에 머물러 있으렴. 고요함이 널 씻겨 줄 거란다.

누군가를 향해 총부리를 겨누고 포탄을 터뜨리는 일이 세계 어딘가에 있지. 세상을 향한 맹목적인 분노를 품은 사람에 의해 누군가는 영문을 알지 못한 채로 목숨을 잃고, 자신이 믿는 바를 과시하기 위해 다른 이의 목숨을 깃털처럼 가볍게 이용하는 사람들도 있어. 인간이 인간의 생명을 앗아가는 일이 그토록 비극적인 것은 한 사람이 생에서 누린 감각과 감정, 쌓인 시간들의 총합을 모두 상실하게 만들기 때문이란다.

총이 나와서 먼 얘기처럼 들리겠구나. 알다시피 손에 무기가 없더라도 사람은 얼마든지 타인의 마음을 벨 수 있단다. 언어로 말이지. 하루에도 몇 번씩 사람은 입에서 흘러나오는 말로 타인을 베거나 자신이 베이기도 해. 저마다 마음에 생긴 상흔을 보듬으며 살아갈 따름이야. 제 상처를 혀로 핥는 강아지처럼.

에덴동산에서 아담과 하와가 범죄한 이후 사람은 지금껏 진정한 평화를 경험한 적이 단 한 번도 없다. 그러니 너도 샬롬이 무엇을 의미하는지 완전하게 이해할 수는 없을 거야. 성경의 구절을 보면서 겨우 짐작할 따름이지. 하지만 너도 모르는 사이에 평안을 맛본 적은 있단다. 이를테면 어제와 미세하게 달라진 구름의 모양에 새삼 기뻐하거나, 물방울 같은 어린아이의 웃음을 바라볼 때처럼. 기도하는 동안 하염없이 눈물만 흘렸을 뿐인데도 똑같은 현실이 더 이상 두렵지 않게 느껴지는 순간 말이야. 그럴 때 샬롬은 사람의 마음에서 파문처럼 번져가.

나는 네 속에서 일렁이는 샬롬이 이제는 바깥으로 나오길 원해. 네 두 손에 고이길 원해. 평화의 사도가 되거라. 세상에 일어나는 모든 갈등과 범죄를 막을 순 없어도, 적어도 네가 있는 곳만큼은 샬롬이 좀 더 오래 머물도록 애써 주렴. 저마다 사적인 상처를 숨긴 채 앓고 있는 이들의 마음을 위로하고, 다른 삶을 살아온 이를 향해 쏟아 내던 비난을 잠재우고서 수용과 존중을, 그리고 사랑과 용서와 은혜를 더 자주 말하고 표현하도록 말이야. 세상과 공동체에 화평이 깃들도록 노력하렴. 나는 네 마음에 평안을 심을 거야. 깊은 강처럼 잠잠한 고요를 말이다.

스물일곱 번째 편지　　　　　　　　　　　　　　　　_사랑

내 심장을
네게 건넨다

하나님이 세상을 이처럼 사랑하사 독생자를 주셨으니 이는 그를 믿는
자마다 멸망하지 않고 영생을 얻게 하려 하심이라(요 3:16).

어느 때나 하나님을 본 사람이 없으되 만일 우리가 서로 사랑하면
하나님이 우리 안에 거하시고 그의 사랑이 우리 안에 온전히
이루어지느니라(요일 4:12).

사랑은 삼위일체가 존재하고 관계 맺는 방식이란다.
사랑 안에 하나이면서 동시에 셋으로 존재하는 신비가 가능해.
사랑은 나의 언어란다. 네가 누군가를 사랑한다면, 내가 쓰는
언어를 너도 모르는 사이에 사용하고 있는 거야. 네 식대로 번

역해서 말이지. 지금은 서툴지만 언젠가 나처럼 능숙하게 사용할 수 있어.

사랑을 모국어처럼 사용하는 사람의 특징이 있단다.
시간을 연결시키고 공간을 초월하는 거야. 사랑하는 사람과 나눈 과거의 애틋한 기억을 현재로 가져오는가 하면, 그와 함께할 미래를 내다보기도 하지. 오늘 안에서 추억과 소망은 만나고 연결돼. 물리적 거리가 그들 사이에 놓여 있더라도, 사랑은 그 거리를 단숨에 무효화시키지.

사랑에 빠진 사람의 마음 안에는 이미 상대방이 있으므로, 그리하여 사람은 그 순간 자신을 초월할 수 있어. 타인을 상상하고 마음을 해석하고 싶은 간절한 욕망은 나 자신을 뛰어넘어 너로 살아가는 법을 배우게 만든다. 사람은 이렇게 사랑할 때 신적인 순간에 근사하게 다가선단다.

나의 언어는 사랑, 그것은 내가 존재하는 방식.
사람이 사람을 사랑하는 일은 나, 하나님을 고스란히 보여 주는 일이야. 그러므로 나의 존재를 증명하는 방법은 복잡한 논증이나 과학적 증거에 있지 않아. 네 안에 이미 심긴 사랑에 있어.

사랑은 나의 생명이자 내 심장의 상징이기도 해.
너를 간절히 사랑해서 내 심장을 네게 건네었단다.
너도 나와 같은 심장을 갖도록.
나와 같은 언어로 너도 말할 수 있도록.
사랑을 보고도 무슨 의미인지, 얼마나 귀중한 것인지를 깨닫지 못하는 문맹자가 되게 하지 않기 위해서.

그러니 지금껏 내게 배운 말을 꺼내 보겠니?
오늘 너와 얼굴을 마주 대할 사람들에게, 가깝기에 쉽게 상처 주는 사람에게 네 심장을 꺼내어 보여 주렴. 다소 어색하고 서툴게 느껴지겠지만, 적어도 그 순간만큼은 기꺼운 자긍심이 네 얼굴에 잔뜩 묻어 있을 거란다.
사랑하는 사람만이 누릴 수 있는 축복이지.

그리고 나는 원해. 내가 알려 준 언어로 나를 사랑하기를.
너를 몹시 갈망하고 사랑하는 나를 말이야.
그 사랑 안에서 우리는 늘 함께할 수 있단다.

스물여덟 번째 편지 _용서

용서할 수 있는
권리

그러나 인자가 땅에서 죄를 사하는 권세가 있는 줄을 너희로 알게 하려 하노라 하시고 중풍병자에게 말씀하시되(막 2:10).

이에 예수께서 이르시되 아버지 저들을 사하여 주옵소서 자기들이 하는 것을 알지 못함이니이다 하시더라 그들이 그의 옷을 나눠 제비 뽑을새 (눅 23:34).

서로 친절하게 하며 불쌍히 여기며 서로 용서하기를 하나님이 그리스도 안에서 너희를 용서하심과 같이 하라(엡 4:32).

지난밤에는 잠을 설쳤구나.
밤새 뒤척이는 네가 유난히 외로워 보여 안아주고 싶었단다. 여전히 개운하지 않지. 용해되지 않은 마음의 응어리들이 네 속 어딘가를 꽉 막히게 만들어 갑갑하겠지. 하루에도 몇 번씩 상처의 기억은 떠오르고, 그럴 때마다 여진으로 땅이 그렇듯 마음이 조금씩 흔들릴 거야. 내가 널 안아줄 이유가 방금 하나 더 늘어난 셈이구나. 소란한 네 마음을 내 품 안에서 잠잠히 하렴.

죄를 사할 수 있는 권세는 오직 나에게 있지만, 사람을 용서할 수 있는 권리는 네게도 있단다. 죄 사함을 받은 사람이 구원을 받듯이 용서받은 사람은 그동안 매인 것으로부터 자유롭게 돼. 그런 점에서 용서란 자유를 선포하는 일이야. 이 자유는, 나의 구원이 일방향인 것과 달리 양방향으로 작동한다. 용서를 받는 쪽만이 아니라 건네는 쪽도 자유롭게 하기 때문이지. 지금껏 그늘을 드리우는 상처의 반경에서 벗어나도록, 용서하지 못하는 자신을 스스로 이중적인 괴로움으로 내모는 자책감에서 놓이도록. 그리하여 자주, 떨치고 싶은 기억의 노예가 되곤 하는 사람에게 용서는 내일을 선물해 준단다.

물론 쉽지 않은 일이야. 아직은 시간이 필요한 일이라는 것도. 하지만 끝내 넌 보복 대신 용서를 택할 것이고, 선으로 악을 이길 것을 나는 확신한다.

선뜻 용서하기가 망설여진다면, 언제건 나의 확신으로 되돌아오렴. 여기에 지탱해 거룩한 길로 걸어갈 힘을 다시 얻어 가는 거야. 이미 그 길을 걸어간 예수와 수많은 네 신앙의 선조들이 너의 걸음을 응원하고 있단다.

스물아홉 번째 편지 _상상력

은혜의
출발선

그들이 이렇게 말함은 고발할 조건을 얻고자 하여 예수를 시험함이라 예수께서 몸을 굽히사 손가락으로 땅에 쓰시니 그들이 묻기를 마지 아니 하는지라 이에 일어나 이르시되 너희 중에 죄 없는 자가 먼저 돌로 치라 하시고 다시 몸을 굽혀 손가락으로 땅에 쓰시니 그들이 이 말씀을 듣고 양심에 가책을 느껴 어른으로 시작하여 젊은이까지 하나씩 하나씩 나가고 오직 예수와 그 가운데 섰는 여자만 남았더라
예수께서 일어나사 여자 외에 아무도 없는 것을 보시고 이르시되 여자여 너를 고발하던 그들이 어디 있느냐 너를 정죄한 자가 없느냐 대답하되 주여 없나이다 예수께서 이르시되 나도 너를 정죄하지 아니하노니 가서 다시는 죄를 범하지 말라 하시니라(요 8:6-11).

보라 내가 새 일을 행하리니 이제 나타낼 것이라 너희가 그것을 알지 못

하겠느냐 반드시 내가 광야에 길을 사막에 강을 내리니(사 43:19)

어제는 용서하는 사람의 입장에 대해 말했으니 오늘은 용서받은 사람의 얘기를 해 줄게. 바리새인과 서기관들은 간음하다 잡힌 여인을 예수 앞에 데려왔어. 여인을 기준으로 한쪽엔 예수가, 다른 쪽엔 그들이 서 있었지. 바리새인과 서기관들은 여인과 예수를 번갈아 봤지만, 예수는 여인을 바라보고 있었다. 새파랗게 질린 얼굴로 엎드려 벌벌 떠는 그녀를.

돌이 날아들어 오기 전부터 여인의 삶은 중단되었다고 바리새인과 서기관들은 생각했어. 여인의 죄악을 포착한 순간부터 그녀의 삶은, 적어도 그들에게선 끝이 났단다. 애초부터 그들의 관심사는 예수를 고발할 구실을 찾는 데 있었고, 마침 죽을죄를 지은 여인이 그들의 목표를 이루기 위한 수단이 된 거야. 처음부터 그들은 여인을 산 사람 취급하지 않았단다. 이것은 그들과 예수의 가장 큰 차이점이기도 해.

더 이상 참지 못한 그들이 예수를 향해 '모세의 율법은 돌로 치라는데, 선생님은 뭐라고 하시겠습니까?'라고 묻자, 그들을 둘러싼 무리들의 외침도 더욱 거세졌단다.

'돌로 치라!' 한 손에 저마다 다양한 크기의 돌멩이를 쥐고서 말이야. 아직 그걸 던지지 않았지만 사람들은 정죄의 돌을 진작부터 던지고 있던 것이다. 여인의 죽음은 이미 시작되었던 거야.

대답하지 않는 예수를 향해 그들이 한 번 더 묻자, 예수는 이번에는 몸을 굽히고 땅에 무엇인가를 적었지. 예수가 무엇을 적었는지 궁금하겠지만, 조금만 참으렴. 한참을 적자, 점차 소란은 잦아들었어. 이윽고 몸을 일으킨 예수는 모든 사람들에게 공평하게 시선을 나누어 주면서 말했다. '죄 없는 자가 돌로 치라'고. 완전한 정적이 그곳을 잠깐 덮었어. 한 명씩 손에 쥔 돌멩이를 떨어뜨리면서 그곳을 빠져나갔단다.

정죄는 소란스럽지만 은혜는 고요해.
모두가 떠난 자리에 여인과 예수만 남겨졌을 때, 아직도 고개를 들지 못하는 여인을 향해 예수는 말했어. "나도 너를 정죄하지 아니하노니 가서 다시는 죄 짓지 말라." 정죄가 한 사람을 죽음이라는 끝으로 몰고 갈 때, 은혜는 시작하게 만든단다. 다시 시작할 수 있는 생명. 그리하여 고쳐 살 수 있는 생명을 품도록 말이야.

정죄는 한 사람의 과거와 현재를 인과관계로 연결시켜. 과거의 행동이 그의 오늘을 만들었다고 생각하지. 그러나 은혜는 단절이야. 과거와 현재의 끈질긴 사슬을 끊어 내고, 그 단절선이 새로운 출발선으로 바뀌게 해. 거기로부터 그 사람이 다시 시작할 수 있도록 한단다.

상상력이 필요한 일이야. 큰 죄를 짓는 일에는 실패할지 모르지만, 숱하게 작은 죄를 짓는 일에는 성공하는 네가 이전의 관성으로부터 벗어나기 위해서는 상상력이 필요해.

네 삶에 그어진 단절선을 기억하렴.
출발선 너머로 완전하게 달라진 네 모습을 상상해.
그리하여 네 이전의 모습이 다 사라질 때까지,
네가 새로운 피조물이 되기까지 말이야.

서른 번째 편지 _아름다움

빛과 함께
걸어가렴

내가 여호와께 바라는 한 가지 일 그것을 구하리니 곧 내가 내 평생에 여호와의 집에 살면서 여호와의 아름다움을 바라보며 그의 성전에서 사모하는 그것이라(시 27:4).

웃시야 왕이 죽던 해에 내가 본즉 주께서 높이 들린 보좌에 앉으셨는데 그의 옷자락은 성전에 가득하였고 스랍들이 모시고 섰는데 각기 여섯 날개가 있어 그 둘로는 자기의 얼굴을 가리었고 그 둘로는 자기의 발을 가리었고 그 둘로는 날며 서로 불러 이르되 거룩하다 거룩하다 만군의 여호와여 그의 영광이 온 땅에 충만하도다 하더라 이같이 화답하는 자의 소리로 말미암아 문지방의 터가 요동하며 성전에 연기가 충만한지라
그 때에 내가 말하되 화로다 나여 망하게 되었도다 나는 입술이 부정한 사

람이요 나는 입술이 부정한 백성 중에 거주하면서 만군의 여호와이신 왕을 뵈었음이로다 하였더라(사 6:1-5).

사람에게는 빛을 향한 향일성이 있단다.
이른 아침 얼굴에 어른거리는 한 가닥 빛에도 네 마음이 일렁이는 것은 그 이유야. 압도적으로 희고 깨끗한 것을 바라볼 때마다 네가 정갈해지고 말갛게 씻기는 듯한 느낌을 받지. 고요하게 불어오는 바람에 순면의 레이스 커튼이 흔들리는 것을 볼 때처럼. 그럴 때 어딘가 깨끗해지는 것 같다는 느낌은 단지 기분 탓만은 아니란다.

아름다움은 높이를 알려줘. 아름다운 것에서 사람들이 느끼는 경이는 나를 향한 경외와 구분되지 않는단다. 그 기원이 나에게 있어서야. 결국 가장 높은 아름다움은 거룩이기도 해. 범속한 것과는 완전히 구분된 것. 그런 아름다움과 한 번이라도 마주한 경험이 있는 사람들은 그 시선을 이제 자신에게로 돌린단다. 아름다움이 온전함을 향한 열망을 일으키기 때문이지. 삶의 얼룩을 표백하고 닳은 곳을 수선하고 싶은 갈망, 아름다움이 고스란히 자신에게 입혀지기를 원하는 마음 말이야.

알지 모르겠지만 이건 너도 보유하고 있는 아름다움이란다. 성령이 네 안에 있기 때문이야. 삶의 길목마다 내리는 선택, 그 선택으로 걸어간 행로에는 거룩의 자취가 묻어 있다는 걸 알고 있니? 굵직한 순간만이 아니야. 성령의 빛은 일상의 사소한 틈새도 비추어서 네가 고른 낱말과 행동을 환하게 해 준단다. 네가, 너와 연결된 사람들이 밝음을 향해 나아오도록.
어둠과 멀어지도록.

세상이 점점 어둠에 잠기더라도 네가 가진 아름다움은 옅어지거나 훼손되지 않아. 네 안의 성령이 사라지지 않으니까 말이다.
이제 사위는 어두워지기 시작해.
세상이 네 빛을 필요로 하고 있구나.

나의 언어는 사랑,
그것은 내가 존재하는 방식

너를 간절히 사랑해서
내 심장을 네게 건네었단다

너도 나와 같은 심장을 갖도록
나와 같은 언어로 너도 말할 수 있도록

나는 원해
내가 알려 준 언어로 나를 사랑하기를
그 사랑 안에서 우리는 늘 함께할 수 있어

마지막 편지　　　　　　　　　　　　　　　　　　　　　　_추신

너의 밤은
나의 그늘이어서

지존자의 은밀한 곳에 거주하며 전능자의 그늘 아래에 사는 자여,
나는 여호와를 향하여 말하기를 그는 나의 피난처요 나의 요새요
내가 의뢰하는 하나님이라 하리니(시 91:1-2).

글이 길어졌구나.
쌓인 말들의 더미가 너를 짓누르지 않기를 바란다.
나는 침묵으로 들어갈 것이고
이제 너는 적힌 글만이 아니라 문장과 문장,
행간의 여백에 담긴 내 마음까지 그려 보겠지.
그렇게 된다면 너는 문장과 구두점마다 고인 감정과 사유의
궤적들까지 해독할 수 있을 거야.

비록 완전히 알아낼 순 없겠지만 사랑은 기꺼이 이런 모호와
불투명함을 견디게 해 준다는 것을 잘 알고 있겠지.
나는 네가 풀어 가야 하는 단 하나의 수수께끼란다.

밤 사경, 그러니까 새벽 3시.
제자들은 배를 타고 갈릴리 호수를 건너는 중이었어.
예수가 물 위를 걸어 배 가까이 오자 제자들은 혼비백산하며
놀랐단다. 유령인 줄 알았던 거지.
불빛도 없는 깜깜한 곳이었으니 알아보지 못할 만도 해.
어둠은 이처럼 자명한 것과 그렇지 않은 것을 쉽게 구분할 수

없게 만들어. 나의 계획이 어디에 있는지 궁금해하고, 무엇을
확신하길 어려워하는 너의 시간도 밤 사경과 그리 다르지
않는 것 같구나.

불확실함을 참지 못한 베드로가 예수를 향해 질문했지.
'만일 주님이시거든 나를 명하사 물 위로 오라 하소서'라고.
베드로는 확신을 갖고 싶었던 거야.
하지만 그 확신은 바람을 만나 위태롭게 흔들리고,
베드로는 물에 빠지고 말았어.
'주여 나를 구원하소서'를 외치면서.

밤 사경을 통과할 수 있는 길,
수수께끼를 풀 수 있는 열쇠는 네 믿음이 아니란다.
물에 빠지는 베드로를 잡는 예수의 손,
'믿음이 없는 자여 왜 의심하였느냐'
애정을 담아 따뜻하게 질책하는 음성.

길고 깊은 어둠을 몰아내는 것은 사람의 믿음이 아니야.
내가 널 향해 뻗는 손, 나의 강한 오른팔,
그러니까 널 향한 나의 사랑에 있어.

질기고 강해서 사망도, 생명도, 천사도, 높음도, 깊음도
끊을 수 없는 사랑 말이야.
그러니 쉽게 내가 느껴지지 않는 밤의 시간에도
덜 두려워할 수 있겠니. 이 밤은 텅 빈 어둠이 아니야.
너의 밤은 나의 그늘, 나의 그림자.
여전히 나의 통치가 임하고 널 향한 사랑이 사라지지 않는 곳.
네가 행복한 마음으로 나를 해독하기를 애쓸 수 있는
가장 애틋한 미로, 여기에 널 초청한다.
나와 함께 손잡고 가자.

사명선언문

너희가 흠이 없고 순전하여······세상에서 그들 가운데 빛들로
나타내며 생명의 말씀을 밝혀 _ 빌 2:15-16

1. 생명을 담겠습니다
만드는 책에 주님 주신 생명을 담겠습니다.
그 책으로 복음을 선포하겠습니다.

2. 말씀을 밝히겠습니다
생명의 근본은 말씀입니다.
말씀을 밝혀 성도와 교회의 성장을 돕겠습니다.

3. 빛이 되겠습니다
시대와 영혼의 어두움을 밝혀 주님 앞으로 이끄는
빛이 되는 책을 만들겠습니다.

4. 순전히 행하겠습니다
책을 만들고 전하는 일과 경영하는 일에 부끄러움이 없는
정직함으로 행하겠습니다.

5. 끝까지 전파하겠습니다
모든 사람에게, 땅 끝까지, 주님 오시는 그날까지
복음을 전하는 사명을 다하겠습니다.

서점 안내

광화문점	서울시 종로구 새문안로 69 구세군회관 1층 02)737-2288 / 02)737-4623(F)
강남점	서울시 서초구 신반포로 177 반포쇼핑타운 3동 2층 02)595-1211 / 02)595-3549(F)
구로점	서울시 동작구 시흥대로 602, 3층 302호 02)858-8744 / 02)838-0653(F)
노원점	서울시 노원구 동일로 1366 삼봉빌딩 지하 1층 02)938-7979 / 02)3391-6169(F)
일산점	경기도 고양시 일산서구 중앙로 1391 레이크타운 지하 1층 031)916-8787 / 031)916-8788(F)
의정부점	경기도 의정부시 청사로47번길 12 성산타워 3층 031)845-0600 / 031)852-6930(F)
인터넷서점	www.lifebook.co.kr